全国高等学校外语教师丛书

Research Methodology in Linguistics Studies: Descriptive Methods

语言学方法论：描写方法

桂诗春 著

外语教学与研究出版社
FOREIGN LANGUAGE TEACHING AND RESEARCH PRESS
北京 BEIJING

图书在版编目（CIP）数据

语言学方法论. 描写方法 / 桂诗春著. -- 北京 ：外语教学与研究出版社，2017.9（2025.10 重印）
（全国高等学校外语教师丛书. 科研方法系列）
ISBN 978-7-5135-9516-2

Ⅰ. ①语… Ⅱ. ①桂… Ⅲ. ①语言学－方法论 Ⅳ. ①H0-03

中国版本图书馆 CIP 数据核字（2017）第 249524 号

出 版 人　王　芳
项目负责　段长城
责任编辑　毕　争
执行编辑　陈　阳
封面设计　覃一彪　高　蕾
版式设计　吴德胜
出版发行　外语教学与研究出版社
社　　址　北京市西三环北路 19 号（100089）
网　　址　https://www.fltrp.com
印　　刷　北京九州迅驰传媒文化有限公司
开　　本　650×980　1/16
印　　张　14
版　　次　2017 年 10 月第 1 版　2025 年 10 月第 6 次印刷
书　　号　ISBN 978-7-5135-9516-2
定　　价　46.90 元

物料号：295160001

目　录

总　序

“全国高等学校外语教师丛书”是外语教学与研究出版社高等英语教育出版分社近期精心策划、隆重推出的系列丛书，包含理论指导、科研方法和教学研究三个子系列。本套丛书既包括学界专家精心挑选的国外引进著作，又有特邀国内学者执笔完成的“命题作文”。作为开放的系列丛书，该丛书还将根据外语教学与科研的发展不断增加新的专题，以便教师研修与提高。

笔者有幸参与了这套系列丛书的策划工作。在策划过程中，我们分析了高校英语教师面临的困难与挑战，考察了一线教师的需求，最终确立这套丛书选题的指导思想为：想外语教师所想，急外语教师所急，顺应广大教师的发展需求；确立这套丛书的写作特色为：突出科学性、可读性和操作性，做到举重若轻，条理清晰，例证丰富，深入浅出。

第一个子系列是“理论指导”。该系列力图为教师提供某学科或某领域的研究概貌，期盼读者能用较短的时间了解某领域的核心知识点与前沿研究课题。以《二语习得重点问题研究》一书为例。该书不求面面俱到，只求抓住二语习得研究领域中的热点、要点和富有争议的问题，动态展开叙述。每一章的写作以不同意见的争辩为出发点，对取向相左的理论、实证研究结果差异进行分析、梳理和评述，最后介绍或者展望国内外的最新发展趋势。全书阐述清晰，深入浅出，易读易懂。再比如《认知语言学与二语教学》一书，全书分为理论篇、教学篇与研究篇三个部分。理论篇阐述认知语言学视角下的语言观、教学观与学习观，以及与二语教学相关的认知语言学中的主要概念与理论；教学篇选用认知语言学领域比较成熟的理论，探讨应用到中国英语教学实践的可能性；研究篇包括国内外将认知语言学理论应用到教学实践中的研究综述、研究方法介绍以及对未来研究的展望。

第二个子系列是“科研方法”。该系列介绍了多种研究方法，通常是一本书介绍一种方法，例如问卷调查、个案研究、行动研究、有声思维、语料库研究、微变化研究和启动研究等。也有的书涉及多种方法，综合描述量化研究或者质化研究，例如：《应用语言学中的质性研究与分析》、《应用语言学中的量化研究与分析》和《第二语言研究中的数据收集方法》等。凡入选本系列丛书的著作人，无论是国外著者还是国内著者，均有高度的读者意识，乐于为一线教师开展教学科研服务，力求做到帮助读者“排忧解难”。例如，澳大利亚安妮·伯恩斯教授撰写的《英语教学中的行动研究方法》一书，从一线教师的视角，讨论行动研究的各个环节，每章均有“反思时刻”、“行动时刻”等新颖形式设计。同时，全书运用了丰富例证来解释理论概念，便于读者理解、思考和消化所读内容。凡是应邀撰写研究方法系列的中国著作人均有博士学位，并对自己阐述的研究方法有着丰富的实践经验。他们有的运用了书中的研究方法完成了硕士、博士论文，有的采用书中的研究方法从事过重大科研项目。以秦晓晴教授撰写的《外语教学问卷调查法》一书为例，该书著者将系统性与实用性有机结合，根据实施问卷调查法的流程，系统地介绍了问卷调查研究中问题的提出、问卷项目设计、问卷试测、问卷实施、问卷整理及数据准备、问卷评价以及问卷数据汇总及统计分析方法选择等环节。书中各个环节的描述都配有易于理解的研究实例。

第三个子系列是“教学研究”。该系列与前两个系列相比，有两点显著不同：第一，本系列侧重同步培养教师的教学能力与教学研究能力；第二，本系列所有著作的撰稿人主要为中国学者。有些著者虽然目前在海外工作和生活，但他们出国前曾在国内高校任教，也经常回国参与国内的教学与研究工作。本系列包括《英语听力教学与研究》、《英语写作教学与研究》、《英语阅读教学与研究》、《英语口语教学与研究》、《翻译教学与研究》等。以《英语听力教学与研究》一书为例，著者王艳副教授拥有十多年的听力教学经验，同时听力教学研究又是她博士论文的选题领域。《英语听力教学与研究》一书，浓缩了她多年来听力教学与听力教学研究的宝贵经验。全书分为两部分：教学篇与研究篇。教学篇中涉及了听力教学的各个重要环节以及学生在听力学习中可能碰到的困难与应对的办法，所选用的案例均来自著者课堂教学的真实活动。研究篇中既有著者的听力教学研究案例，也有著者从国内外文献中筛选出的符合中国国情的听力教学研究案例，综合在一起加以分析阐述。

教育大计，教师为本。“全国高等学校外语教师丛书”内容全面，出版及时，必将成为高校教师提升自我教学能力、研究能力与合作能力的良师益友。笔者相信本套丛书的出版对高校外语教师个人专业能力的提高，对教师队伍整体素质的提高，必将起到积极的推动作用。

文秋芳

北京外国语大学中国外语与教育研究中心

2011年7月3日

再版前言

这本书的前身是我和宁春岩两人合著的《语言学方法论》(桂诗春、宁春岩，1997)，曾多次印刷。现出版社准备再版，但是我和宁教授却在异地和异单位工作，联系不便，故出版社建议我们分别改动自己所负责部分，然后分开出版。因篇幅原因，我编写的部分内容分成两本书出版，即《语言学方法论：描写方法》和《语言学方法论：实验方法》。

我觉得宁教授所写的理论方法篇是一篇力作，主要介绍了生成语言学的理论。而 Chomsky 的语言理论本身也经历了不同阶段的发展，从《句法结构》(1957) 到《句法理论的若干问题》(1965)，再到《管辖和约束论集》(1981) 和《最简方案》(1995)，最后到围绕语言机能的争论中提出递归性是人类语言的唯一特点 (2002)。单就生成语言学的发展历史就可以写一本专著。至于我所写的描写方法和实验方法，虽有其本身的理论依据，但有些地方难免有所抵牾。语言学发展神速，如人类语言学、社会语言学、心理语言学、话语分析、语言习得等，都已成为各据一方的学科，其研究方法亦自成一格。大体而言，研究方法可分为定性研究和定量研究。但是就语言学研究方法而言，用这两种范式 (paradigm)[1] 来区分各种语言学分支也不容易，例如话语分析既可以用定性方法来研究，也必须依赖定量方法来收集数据。因此，就方法而言，各语言学分支并非那样泾渭分明，Litosseliti (2010) 指出，要开展研究，首先必须有研究问题，然后提出假设。定性和定量研究都必须以此为出发点。其次，语言学或应用语言学的研究对象必须是语言及其相关因素（如文化、社会背景、历史、生态环境等），还必须编码，例如把男性 (male) 和女性 (female) 分别编为 M 和 F 或

1 paradigm 本义指"词形变化表"，但在 20 世纪 70 至 80 年代出现所谓的 paradigm war，指定向和定量两种研究方法之争，故译为"范式"。

1和2，然后再决定采用什么样的研究手段。从定性方法来说，较多采用民意调查，如对某一种措施，有人同意也有人反对。我们必须调查一些样本（只有一些非常重大的决策，如英国是否留在欧盟，才采取“公投”），通过取样来了解样本意见，然后进行统计。例如样本为100人，赞成者51人，反对者49人，我们能否采纳多数的意见？基于常识，我们不会简单地直接采纳多数人的意见，而是作卡方分析，看其差别有无显著意义。这种分析方法其实就是一种简单的定量分析。

我们对语言学的研究一般采取描写方法和实验方法，是因为现代语言学就是脱胎自人类学；在语言学成为一门独立学科以前，语言学是人类学的一个分支，把语言学冠以“描写性”（descriptive），是针对“规定性”（prescriptive）而言的，从Boas，Sapir，Bloomfield一直到Croft都坚持这个传统。就算是Chomsky的革故鼎新，也无非是一个描写性框架的改变。至于实验方法，那无非是心理测量学的延续，在应用语言学（语言习得和教学）里用途甚广，但我国的广大语言研究者和语言教师对此较为陌生。这也是我们不采取定性 / 定量之分，而采用描写方法 / 实验方法之分的一个理由。其实，把前一范式转为后一范式并不困难。

不管是哪一种区分法，我们都不能把它们看成是水火不容和互相对立的。Jo Angouri（2010）因而提出以三角论证为基础的混合（Mixed）范式，比如使用不同的样本、观察者、理论、方法来互相印证。虽然也有人不以为然，但一种新的刊物《混合研究方法杂志》还是于2007年面世。Dörnyei（2007）在《应用语言学研究方法》里首先回顾了自己在20世纪80年代进行博士研究时了解到的所谓的范式之争，一派是构建主义 / 解释主义者支持的定性范式，另一派是实证主义 / 经验主义支持的定量范式。如果要选择的话，他一定会参加前一个阵营。但是，他的研究领域（二语习得的社会心理学，特别是态度和动机）却需要使用一些工具。当时他对此争论一无所知，于是在20世纪90年代被封为实证主义者。接着，他便打听何谓实证主义？原来这是指一种科学范式和世界观，认为存在客观而独立的社会现实，通过对现象的归纳就可以得到科学定律。但是他也发现，使用“实证”这个词的人实际上没有使用这种范式。而“实证”的说法差不多只见于那些否定这种范式的人，往往用于贬义。而很多人却没有认识到，Dörnyei 虽然被视为“实证主义者”，但实际上却是一个“实证主义的背叛者”。直到近年来，他才有了转变，因为主张“混合研究法”而被尊为“实用主义者”。但是他也陷入一些困境，因为研究一些复杂、多面的活动，很难向“新手”研究者提供一些相关的程序性知识。此外，研究专门化是一项终生事业，而研究者往往又受第一次研究的影响，其实那只是“湿湿脚”，然后又被一件十分有趣的活动“给挂住了”。那么年青学者怎样避免可能违反科学探究基本原则的研究呢？Dörnyei 的答案是：研究专长有一个基本门槛，一旦跨越，就可以进行像样的研究，不至于在 10 年后回顾时感到羞愧。所以他编写这本书的目的就是总结研究方法的要点，培养“足够好的研究者”（good enough researcher）。一个足够好的研究者必须掌握定性和定量研究方法，而且能把它们组合起来。因为两种研究方法各有优劣，可以互补，于是就出现了所谓的“混合法”。混合法意味着在数据收集和分析层面上把定性和定量研究结合起来，例如近年来十分流行在问卷调查和访问中采取连续性和相互印证的方法，见 Creswell（2002）和 Hesse-Biber & Johnson（2015）。

按同样的道理，语言学的描写方法和实验方法之间也绝不是对立的，而是互补的。对于有些研究方法的归类，也可以讨论。例如一般认为话语分析是一种定性方法，故将它归为描写方法，但是对话语的描述引发的语料库方法，一般又被归为定量方法。特别是现在的研究从“以数据为基础”（data-based）发展到“数据驱动”（data-driven），因而又有点儿定性的味道。顾名思义，《语言学方法论：描写方法》和《语言学方法论：实验方法》都是讨论语言学研究方法的，但是难以避开语言学而直接切入其研究方法，有不少地方不得不先简要介绍其理论，再来讨论方法。但是 Chomsky 的理论和方法不在此列，宁教授会单独讨论。书中的英语例子，除了作双语比较外，一般都不附汉译。例如 He is an ardent reader of *The Daily Telegraph*（他是《每日电讯报》的热心读者），He is a highly literate intellectual（他是一个文化程度很高的知识分子），熟悉英国文化的人很容易由前一句联想到后一句，但在汉语里，一般人并不熟悉《每日电讯报》和它的读者，所以汉译体现不出来其隐含义，因此还不如删去其汉译。

我这两本书再版时内容各有所增加。《语言学方法论：描写方法》增加了“以使用为基础的理论”和“行动研究”，前者是语料库语言学的延伸，而后者与定性研究有关，强调参与性。《语言学方法论：实验方法》增加了“逻辑斯蒂回归法”和“项目反应理论”，两者均是根据项目特征的曲线模型。这些内容都是在这两本书第一版发行之后逐渐普及的。

另外，本书在很多地方都提到抽样的原理和做法，这是基于概率论的一种统计方法。未来学家 Viktor Mayer-Schonberger 在 2012 年出版的《大数据时代》中提出大数据时代的思维是变革的，抛出了大数据时代人们处理数据的理念上的三大转变：第一点是“更多”，要全体不要抽样，即“样本 = 总体”；第二点是“更杂”，不是精确性，而是混杂性；第三点是“更好”，不是因果关系，而是相关关系。Mayer-Schonberger 是一个未来学家，他所预测的最后也许能够实现，但也有不少令人思考地方。以第一点而言，虽然总体比抽样更好，但也不是事事都要全体或都能做到全体的。例如我们写一篇博士论文，或作一项简单调查，都有一定的时间限制，是否一定都能用大数据？而且研究对象又处于动态之中，放眼全球，每一天都有人离开世界，又有人来到世界，处于经常变化之中。又如我们想比较女生比男生学习外语学得好，是否一定要用到总体？这里有一个值不值（cost-effectiveness）的问题。所以书中提到，“认为样本选择的随机性比样本数量更重要，这种观点是非常有见地的。随机采样取得了巨大的成功，成为现代社会、现代测量领域的主心骨。但这只是一条捷径，是在不可收集和分析全部数据的情况下的选择，它本身存在许多固有的缺陷。”这本书的译者周涛自已也在该书的序言里提到，“我本人就不认同‘大数据时代’相关关系比因果关系更重要这个观点”。

桂诗春
2016 年 7 月

第一章　语言学中的人类学传统

1.1 语言学在人类学中的地位

人类学有四个分支：人类生物学、考古学、人类文化学（民族学）和人类语言学。而在现代人类学研究中，语言学的地位越来越重要，因为语言无所不在，而且是人类独有的，是把人类和其他动物区别开来的主要特征。其他动物（包括灵长类动物）也进行交际，但只有人类使用语言[1]来进行交际。生物学、解剖学和神经学的研究成果说明，语言的使用是人类长期进化的结果。人类许多行为都是以语言行为为基础的，如：协作进行狩猎、耕种和运动，安排婚姻，举行宗教仪式，组织军事远征等。作为一种交际系统，语言比其他动物的交际系统更为精细、复杂，传递了其他交际系统所不能传递的信息，这些信息构成了文化。和语言一样，文化也是人类的一种独特现象。人类对其所处的环境进行分类，并且赋予日常生活各种意义和动机，甚至创造了原本不存在的神祇和妖魔鬼怪，用不同方式去认识自然的神秘力量。没有语言，人类社会的文学、哲学、神学，也不可能存在。为了描写人类的群体及其社会行为，人类学家必须研究语言；语言研究也就成为现代人类学的一个重要分支。人类语言学和其他的专业一样，有它自身的研究方法、分析程序、术语和概念。

从进化论的角度看，人类学对语言的生物学基础很感兴趣，因为这是语言共同性[2]的重要方面，但是不同的语言也有其不同的个性。世界上的语言繁多，最低估计有2000种，最高估计超过5000种。Crystal（1987）列举了使用者超过一万人的语言，差不多有1000种。语言能力是物种遗传的，但作为客体的语言却是代代相传的，是一种学然后知之的行为；和文化系统一样，语言视时间、环境、需要的变化而变化。因此大多数语言学家不管其对人类学的兴趣如

1　指严格地按现代语言所定义的“语言”。

2　linguistic universal 在本书中有几种译法：“共项”、“语言普遍现象”、“语言共同性”，国内译法尚未统一，我们也不去统一，但希望读者留意。

何，都会把他们的一部分精力用于研究、分析和描写某些语言的结构和内容。这种方法认为语言是独立于其他行为系统的系统，可以进行专门描写，可称为描写主义或结构主义的方法。

1.2 人类语言学的发展

社会语言学（sociolinguistics）和文化语言学（ethnolinguistics）[1]是在人类语言学的基础上发展起来的当代新兴语言学学科，吸引了很多语言学家的注意。它们继承了人类语言学研究方法的传统，结合语言的各种社会因素和文化系统（如地区、民族、性别、年龄等）来描写语言。人类学家强调现场调查（field work）[2]，要作实际调查，就必须懂得所调查的民族和社区里所使用的语言。有些语言有现成的语法、词典和其他的资料（甚至录音材料），可为其研究提供帮助。只要掌握一些基本的词语和用法，就能通过接触来收集第一手资料。但学习另外一种语言终归要花时间，于是有的人只好求其次，寻找一些懂得他们所使用的语言和所调查的语言的操双语的资料提供人（informants），但这毕竟是隔靴搔痒。从人类学家的角度看，他们感兴趣的并非语言的词语和语法本身，而是这些语言所包含的文化和社会色彩。语言是文化和社会生活经验的载体，文化研究的原始资料中很重要的部分是实物（文物、古迹等）。所以人类文化学家要想研究文化和社会，就离不开语言及其使用环境。

1.3 Malinowski 的贡献

对语言感兴趣的人类学家众多，在欧洲以 Bronislaw Malinowski（1889—1942）为代表。18 世纪的欧洲经历过中世纪的禁锢封建生活后，开始关注广大市民阶层（如莫里哀戏剧里聪明而狡诈的仆人，博马舍尔的《塞维勒的理发师》，

1 ethnography，一般译为“民族志”，ethnoi- 在希腊语原有“其他人”，即非希腊人的“异族”的含义，*Webster's New World Dictionary* 把 ethnography 定义为“the branch of anthropology that deals descriptively with specific cultures, especially those of primitive peoples or groups”。以下凡有以 ethn- 开头的词语都译成“文化”。

2 field work，亦可称为野外作业，但调查不一定是在“野外”。

英国 18 世纪的小说等)。格林从德国农民的民间传说里获得创作灵感，更说明乡村的白丁也具有真正的美学价值。到了 19 世纪，注意力又移向工人阶级，甚至殖民地的非洲和亚洲的底层人民。体现出这种注意力转移的是人类学的兴起，人类学家对老百姓的详尽描述促进了文化人类学的产生。于是人类学家派遣他们的学生们去作实地调查，而不依赖那些书面材料。1914 年，在牛津大学学习人类学的 Malinowski 被派到英属 Trobiand 群岛，进行文化人类学研究。他是奥匈帝国籍的波兰人，被英国殖民地官员怀疑为间谍，不许他离境，所以他只好在群岛多待了一倍的时间。Malinowski 在被扣留期间发展了一套观察原始社会日常生活的调查方法，把长期的参与观察和敏感的访问结合起来。调查不但记录了 Trobiand 居民显露的文化知识，而且还推断了他们隐含的文化知识，具有深刻洞察力。他在 1922 年所发表的报告被认为是文化人类学中的一场革命。

Malinowski 在《西太平洋的亚尔古英雄》(*Argonauts of the Western Pacific*, 1922) 里提到，他的研究采用了三方面的数据：

1. “氏族组织及其文化的解剖。”其中包括婚礼、家庭组织、亲属关系图、耕地、收成和测量等。

2. 对“实际生活中难以测量的事物”的观察，如在现场调查日记里使用逐日记录方法，对某些具体的行为作详细的描述。

3. 用本族人术语、原话来记录“民族文化的陈述，有特征的记事、典型的话语、民间传说和咒语”。Malinowski 认为，作为本地人思维方式的文件（补充以自己的文化研究)，这些资料可以成为不同兴趣的研究者进一步研究和分析的基础。这些语言数据十分有价值，和其他语言研究与统计的数据具有同等作用。

Malinowski 的学术背景是德国的社会学说，该学说在自然科学 (Naturwissenschaft) 和人文科学（Geisteswissenschaft）中划出一条界线：人文科学之所以异于自然科学是因为人类具有其他动物或无机体所没有的特点，人类能够发现和分享意义。因此要研究在一起生活的人群，就必须观察他们在社会中怎样互相了解。提出这种社会学说的是德国的历史学家和社会哲学家 Wilhelm Dilthey，他认为人文科学的方法应该是解释性的 (hermeneutical)，其目的是发现和传递所观察的人群的有意义的观点（meaning-perspectives）。Erickson 认为早期马克思也采取同样的立场，马克思虽然强调物质条件的决定性作用，但也关注那些有意义的观点的内容。后来的马克思主义者认为这些有意义的观点因社会阶级地位的不同而不同。

1.3.1 语言环境

Malinowski 对语言学的影响甚大，Firth（1957）认为 Malinowski 对语言学的贡献在于提供了“一种普遍的理论，特别是他使用了语境[1]和语言功能的概念”。这两个概念成为英国语言学家和语言哲学家的研究兴趣的中心。以 Firth 为代表的伦敦学派提出了语境论（contextualism），而语境论的一个目标是对 Malinowski 的语言功能进行更精细的分类。按照 Malinowski 的看法（1935），基本语义单位不是单词或单句，而是处在一些语言表达式的上下文中的句子，句子的意义体现为它在一个更大的意义整体中的功能。“在语言学中拓宽语境的含义很有好处，语境不但包括说出来的话，而且还包括脸部表情、姿势、身体活动，所有参与交谈的人和他们所处的那一部分的环境。”对语境的描写往往要求对使用该语言的社会有一个透彻认识，例如在 Trobriand 语中有一句话“Bi-katumatay-da gala bi-giburuwa veyo-da, pela molu.”这句话可译为（1）如果他们杀了我们，我们的亲人不会因为我们在饥荒时被杀而愤怒；或（2）他们不会杀我们，因为我们的亲人不会因为我们在饥荒时被杀而愤怒。在这种语言里，gala 相当于否定式，它可以修饰前面或后面的句子，故两种说法都是可能的。按照欧洲人的道德观，应为（2）；但是从 Trobrian 人的道德规范看来，自己亲人在缺乏食物时被杀，应泰然处之，所以原话的正确理解应是（1）。所以意义的分析离不开对民族文化的描写。

1 context 可以广义地理解为说话的环境，也可狭义地理解为一个句子所处的上下文。在汉语里，我们一般说“语境”，有时也说“上下文”，视具体场合而定。

1.3.2 言语功能

Malinowski 的第二个理论支柱是语言的意义是在使用中体现的，因此语言是一种活动方式，而不是反映工具。他的观点可以表示为两个口号："在行动中的语言"和"语义就是使用"（见 Leech，1977）。这些思想后来在 Wittgenstein 和 Austin 的语言哲学著作中得到进一步发展，成为以 Halliday 为代表的系统功能学派的理论基础。Malinowski 认为有四种言语功能以及与其语境相联系的四种意义：

1. 寒暄的意义（phatic meaning），见于那些词语并不起到传递信息作用的言语环境，如"早上好"只是一种保持接触的手段，并非指那一天的早上很好。打个招呼完全是为了满足人群保持接触的需要，招呼里用什么词语是无关重要的。因此这种言语功能的意义和外部环境联系紧密。

2. 实际的意义（practical meaning），这是言语在某一活动环境内的具体使用。词语的外部环境和实际意义之间的关系是一种复杂的活动，而言语行为是其中的一个因素。这些活动包括人们对词语的反应、根据反应而做出的行为以及这些行为最后产生的结果。只有在这些活动的背景下产生的词语都有实际的意义，才能达到这些活动所要求的目的。词语的实际意义是在共同的劳动协作中体现的。

3. 魔力的意义（magical meaning），言语的使用者相信词语和外部世界具有一种神秘的联系，这不但见于儿童的语言习得，也见于原始部落和现代社会。例如在文明社会里的广告语言和政治语言。魔力的意义也是话语在特定的外部环境里的一种功能，这个外部环境对说话人来说神秘莫测，因此需要采取一些言语活动，以取得正常途径所不能达到的结果。这些活动是以使用者相信其效力为前提的，所以在分析魔力的意义时，我们必须考虑使用者对魔力的词语所能产生的结果的信念。"对民族志研究者来说，魔力的词语有另外一种比它们的神秘效应更为重要的意义，就是它们对人类所产生的效应。"由于相信了它们的魔力，人们就会采取相应的行动。

4. 叙述的意义（narrative meaning），只有在叙述的上下文环境里，词语的意义才能表达思想。这种功能来自语用功能，因为人们必须在活动中才能学会词语的意义，使用它们来说故事、描写事物、讲道理。这些在叙述环境下所表达的思想，不仅是简单陈述，还会通过词语的感情力量对听众产生效应。这就是后来 Austin 所说的言内行为（locutionary act）和言后行为（perlocutionary act），不过 Malinowski 更强调后者。

1.4 法国的传统

在法国，把人类学和语言学联系起来的应归功于四位学者：语言学家 Saussure 和 Meillet，社会学家 Durkheim 和人类学家 Mauss。Saussure 是欧洲结构主义之父，在提出以语言系统为核心的共时语言学的独立地位、区分语言和言语等方面都对人类语言学的建立作出重大贡献。Meillet 是历史比较语言学家，他把语言学列为社会学的一部分，从社会阶层的划分角度去解释语义的变化。在 Durkheim 的社会学里，语言学是一门以社会事实为对象的独立学问，其核心问题不是社会中活动者的有意义的观点，而是他们行为的"社会事实"。

1.5 美洲的传统

在美洲大陆，人类学家对美国印第安语的兴趣也孕育着人类语言学的研究。研究各种印第安语的亲属关系有助于了解新世界的本地人的起源和特征，所以美国人类学家对研究美国印第安语的分类怀有持续兴趣。另外语言范畴的起源和对社会意义的解释也是美国人类语言学家长期关注的焦点，他们和法国学派的传统较一致，把语言和文化的统一看作一种文化产物和社会传统，而不是一种事件或社会活动。美国人类语言学的另一个特点是注意文本的收集。

1.5.1 Boas 的贡献

现代美国人类语言学的奠基人是 Franz Boas（1858—1942）。Boas 原籍德国，年轻时到加拿大研究因纽特人，后又研究加拿大西部和美国的印第安人。他学过物理学和地理学，对生物人类学和统计方法的发展都作出过贡献。同时他也对语言、民间传说、艺术作过深度研究。这就使他能够把科学追求和自己的人文科学学识结合起来。他既是一个人类语言学的教育家，又是一个有实际经验的语言现场调查工作者。他在 Clark，Columbia 和 Brinton 大学训练了一批又一批的人类语言学家，包括著名语言学家 Sapir 和 Kroeber。Bloomfield 也承认 Boas 对他的影响，“在我们的工作中，我们把 Boas 看作美国语言研究的先驱和大师，他是我们大家在这个或那个意义上的导师。”Boas 在大学里根据自己的经验设计了一套完整的、把语言学包括在内的人类学教学计划，并且发展了一套人类语言学的研究方法，教导学生怎样通过文本来分析语言结构。作为一个现场调查工作者，他的贡献在于首先强调每一种语言都应按照它的本身配置，而不能按照一个事先决定的框框（如对拉丁语法作一点修改）来进行描写。另外他又注意到语法和词汇的研究必须辅以大量原文。Boas 主编了《美国印第安语手册》，并撰写了一篇长达 80 页的《序言》（1911）。在《序言》里，他讨论了很多语言学的概念和方法，这些概念和方法日后都得到了充分发展。他认为语言研究对文化研究的重要性体现在两个方面：

1. 它是实际需要。掌握一种本地人所说的语言就不用依赖翻译，或使用洋泾浜英语和其他方法来与资料提供人进行交谈。Boas 主张并身体力行地对所有题目进行文本记录，均用本地语言来收集第一手资料。记录下来的东西日后可以进行翻译和分析。有些题目只能通过语言来进行研究，如诗歌、祈祷文、演说、人名和地名。他自己就独立地将 Kwakiutl 语和其他印第安语译成文字并进行分析；在他组织的人类学课程里，他也专门训练自己的学生使用这种技能。他在《序言》里指出，“掌握语言是准确而透彻地了解［所研究的文化的］知识的不可缺少的手段，因为通过聆听本地人的交谈和参与他们的日常生活可以获得很多信息，这是不懂该语言的观察者无法做到的。”

2. 从理论上看，语言和思维具有密切的关系。只有通过语言才能了解一些“无意识的现象”——如意念的分类，以及怎样用相同或相关的词语，或用比喻建立联想的方式来表达这些意念。所以，无论是从实际或理论的观点来看，语言研究对人类学都是至关重要的，“一方面，没有实际的语言知识不可能透彻地洞察民族学；另一方面，人类语言所表达的基本概念也和民族文化现象不可分割。因为从根本上看，语言的独有特征是鲜明地反映在世界上人们的观点和习惯上面的。”

1.5.2 描写语言学和结构语言学的诞生

Boas 的这些观点成为美国描写语言学和结构语言学的催生剂。他的学生 Sapir 是一个高超的现场调查工作者和语言形式分析家。他善于发现型式并通过进行细致的描写和比较，揭示了新大陆语言的亲属关系。深受 Boas 的影响，1925 年 Bloomfield 在《语言》杂志上的一篇文章中指出，“人类言语的直接观察和记录的工作和民族学的工作很相似；在我国，这方面的工作做得最好的是民族学—语言学学派。” Bloomfield 和 Sapir 共同建立了人类语言学中进行现场调查和描写语言的标准，奠定了使用印欧语的比较方法来研究美洲无文字的语言的历史基础。Bloomfield 在早期著作里还谈到认知范畴，但是在 1933 年所发表《语言论》里，他把语言研究局限在行为主义的框架里，提出与“心灵主义”相对立的一种“科学的”方法，集中推行描写主义。他强调语言是控制别人活动的非言语行为的一种替代物，但是对 Malinowski 从社会人类学的视角所提到的各种语言功能及其文化联系，却绝口不提。所以 Bloomfield 对“语言”和“语言学”的理解是狭义的，与狭义的理解无关的东西都被搁置在一旁。但是近年来，随着对语言功能的研究不断发展，与布拉格学派有密切联系的 Roman Jakobson 对“语言”和“语言学”持广义的理解，并且把自己的研究和美国的人类学联系在一起。他早期曾来美国和 Boas 一起生活了几个月，并且写过两篇介绍 Boas 的文章。

1.6 人类语言学的特征

Hymes（1964）在回顾了英、法、美的几种人类语言学思潮后指出两个明显的特征：

1. 语言学和人类学有密切联系，这对两门学科的成长都有作用，对认识语言和语言描写的性质，对语言在文化中的地位都有影响。

2. 两个学科在当代历史中是不可分的。将来的发展如何尚难预料，但是两者在美国的联系不但会持续下去，而且还会有所发展。年轻一代的人类学家接受了语言学方法的新发展，继续在世界的许多地区对描写语言学和历史语言学作出人类学的贡献，同时从社会学和心理学两方面来研究语言使用受到了空前关注。年轻一代的人类学家研究语言的主要兴趣是语义描述和社会语言学。这种兴趣中心的转移使20世纪的语言学历史分为两半：在上半世纪，主要是追求语言学作为研究对象的独立地位，集中在描写语言结构；在后半世纪，主要是研究语言在社会文化环境中的一体化，集中在功能的分析上。[1]

从方法论的角度，我们不妨增加一条：

3. 人类学的研究方法促进了描写语言学和结构语言学的发展，而它们又充实了人类学的研究方法。其基本特征是采用定性的研究方法，但在定性研究的基础上辅以一些定量的手段。

1.7 人类语言学和定性研究方法

人类语言学使用的基本是人类学和社会学的定性研究方法。这种方法也是描写语言学和结构语言学，乃至社会语言学（包括方言调查）、语言共同性调查、语篇分析的方法，因此有必要结合语言学研究对这种方法进行分析和讨论。人类学和社会学的定性研究方法研究在某一定具体环境里的人类行为，这种行为必须是自然而然地在该环境中产生的，不受研究者在其中的作用影响。这些方法力图从所观察的对象或群体的角度去提供数据，以避免研究者因文化或智能方面的偏见而歪曲数据的收集、解释和提供。Jacob（1987）指出，所谓的定性方法其实包括各种不同的研究方法，她专门回顾了以下五种：

1.7.1 生态心理学

生态心理学（Ecological Psychology）的研究对象为自然产生的人类行为以

1 Hymes是社会语言学家，他的归纳只是说明从人类学到社会语言学的发展，并不能概括美国语言学发展的全貌。

及它和环境的关系。生态心理学采取了两种方法来描写行为并发现行为的规律性。一种是样本记录（specimen records），由熟练的观察家对处于自然的、未经事先安排的环境下的人（通常是儿童）的行为作一段时期的描写，先记录行为流程，然后把它分成单位来进行分析。另一种是行为背景调查（behavior setting survey），研究的是与特定的时间、地点、事物相联系的稳定而客观的人际行为模式。

1.7.2 整体文化人类学

整体文化人类学（Holistic Ethnography）通过描写群体的信念和活动来描写并分析一种文化的各个组成部分，以及这些部分怎样共同构成文化统一体。整体文化人类学的基本方法是：(1) 研究者必须亲自参加现场调查以收集第一手的证据；(2) 文化人类学家必须反映当地人的观点——“他对他的世界的看法”；(3) 要了解这些看法必须要有原话实录；(4) 采取各种方法去收集各种数据。Malinowski 和 Boas 就是这个学派的代表人物。

1.7.3 文化语言交际学

文化语言交际学（Ethnography of Communication）研究一个文化群体的成员或不同文化群体的成员之间怎样进行社会交往。它感兴趣的是面对面交往以及这些“微观的”过程怎样和文化、社会组织的“宏观的”问题联系在一起，所采取的方法是描写这些面对面交往的型式。例如采用录音或录像手段来记录具体过程，然后进行数据归纳，提出一个编码范畴系统以处理收集的语料。

1.7.4 认知人类学

认知人类学（Cognitive Anthropology）也称为新文化人类学（new ethnography）或文化科学（ethnoscience）。认知人类学从认知心理的角度去研究文化：通过研究语义系统（最近还扩展到语篇）来了解文化知识的认知结构。它和语言学的关系甚为密切，利用采样方法去收集原话实录，然后进行各种分析，如领域分析（domain analysis），找出文化领域及其使用的词语；分类分析（taxonomy analysis），找出文化领域组织的方式；成分分析（componential analysis），找出每个领域中的词语属性；主题分析（theme analysis），找出不同领域之间的关系以及它们怎样联系在一起构成文化的统一体。

1.7.5 符号连接主义

符号连接主义（Symbolic Interactionism）主张个人经验是通过自己对经验的解释来传递的，而这些解释源于个人和他人的接触，并被用于达到某些特定目标。符号连接主义认为人类异于禽兽，并非靠本能和条件反射，而是根据其所认识的事物的意义而行动的。意义是符号性现象，人类不仅生活在物质环境里，而且还生活在符号环境里，因此人类的行为不仅是对物质刺激的反应，而且也是对符号的反应。符号连接主义主张描写符号相互接触的过程，以了解人类的行为，因此它从传记、自传、个案、信件、访问等方面去收集材料，以期深入到活动者的经验中去。

这五种定性研究方法或多或少都与人类语言学有关，换句话说，它们离不开语言研究，都要通过语言来了解人的经验、观点、认知结构、相互接触和文化背景。其实它也是现象学（phenomenology）、解释学（hermeneutics）、系统论（systems theory）、混沌论（chaos theory）、定向定性探究（orientational qualitative inquiry）经常采用的研究方法（见 Patton，1990），限于篇幅，这里不再展开。

第二章 定性研究方法

2.1 定性研究方法的原则

2.1.1 自然观察

定性研究方法的首要原则是研究者不操纵研究背景，而是把自然发生的事件、过程、相互关系当作研究背景。它的目的是了解在自然发生状态下的自然发生现象。自然观察方法是以发现为本的方法：研究者事先不带有任何框框，尽量避免操纵研究背景，也不对研究结果提出任何制约。这种方法强调不干预性。我们所观察的语言和文化处于一个动态发展的过程中，语言研究者必须忠实地记录这些发展，收集各方面数据。自然观察方法也叫现场调查研究（field research），现场调查研究收集的是定性数据，因为有些观察难以归结为数字，例如一位研究者可能注意到某一部族首领在政治集会上有一种“家长式作风”，但这种作风不容易用定量的方式来表示。

与自然观察法差异较大的是实验方法，实验方法采用控制和操纵的手段，根据假设专门设计实验，使某些要观察的行为在实验室的环境下更为集中地显现出来。尽管自然观察法和实验方法的出发点和所采取的途径不一样，但它们可以互为补充，相辅相成。自然观察法可用于考察现象，从而发现问题，从一般到特殊；而实验方法则是对所发现的问题进行集中和系统的观察，从特殊到一般。把两者的结果加以对照和比较，就能由表及里，深入事物的本质。在讨论定性研究方法时，我们也会接触到实验方法，以作比较，例如在话语分析和以语言使用为基础的理论里。

视观察者在现场调查中的地位和作用，可以分为直接的（非参与性的）观察、参与性观察和个案研究三种。

2.1.1.1 直接观察

观察者完全不参与所调查的事件的任何活动，只是客观地观察整个活动的过程，例如在公共汽车里听乘务员和乘客的对话。萧伯纳的《卖花女》（*Pygmalion*）一开始就表现了一个语言学家采取这种方法来记录伦敦土话，遭到误会。这种从旁观察的方法能够保证数据的客观性和准确性，但是获得的数据都是表面的语言材料，对说话人的经验和感受则难以了解，所以观察者虽然不会影响所调查的事物，但却不易深入了解所调查的事物。

2.1.1.2 参与性观察

观察者参与他所观察的活动，但有程度上的不同。一种是完全参与（complete participant）的观察，被观察者不知道观察者的身份和观察目的，观察者参与自己感兴趣的所有领域，和被观察者自然地进行交往。观察者可以是真心实意地，也可以装成真心实意地参与活动，总之人们不知道他是一个观察者，只知道他是一个参与者。这种观察方法的好处是能够以参与者的身份获得亲身感受，但参与活动本身往往会影响观察者所要观察的社会过程。另一种是作为观察者参与（participant-as-observer）的观察，参与所调查的全部活动，但让人们知道他是在进行调查研究。这种调查方法的问题在于被观察者可能会把注意力转移到观察者的研究项目上，而失去社会活动的自然性，使观察者所调查的活动缺乏典型性。还有一种是作为参与者的观察者（observer-as-participant）的观察，观察者的身份是明白的，他也参与被观察者的社会过程，而且并不假装自己是真正的参与者。

2.1.1.3 个案研究

深入地调查一个案例，以充分了解与这个案例有关的各方面因素，这就是我们通常说的“解剖麻雀”的方法。采取个案研究方法的出发点是多种多样的，有时候是为了研究某些特定的类型，如外语学得好的人采用什么学习策略；有时候是由于所研究的案例不多见，如大脑语言中枢的某些位置受到损害而影响了语言能力的病人；有时候是出于纵向观察的需要而集中在个别案例研究中，如儿童语言习得的全过程。

2.1.2 归纳分析

自然观察意味着对所调查对象不能带有任何事先想好的框框，因此它是一种探索性研究，必须采用归纳法的逻辑手段。实验方法采用了演绎的逻辑手段，可以说是检验假设的研究（hypothesis-testing research）；定性研究则不同，它从开放性的观察开始，事先没有什么模型或假设，也不规定观察什么变量，而是根据所收集的数据进行分析过滤，概括出一般型式、其中所包括的变量以及这些变量的相互关系，然后才产生假设，也可以说是产生假设的研究(hypothesis-generating research)。归纳法和演绎法的不同可见图 2.1：

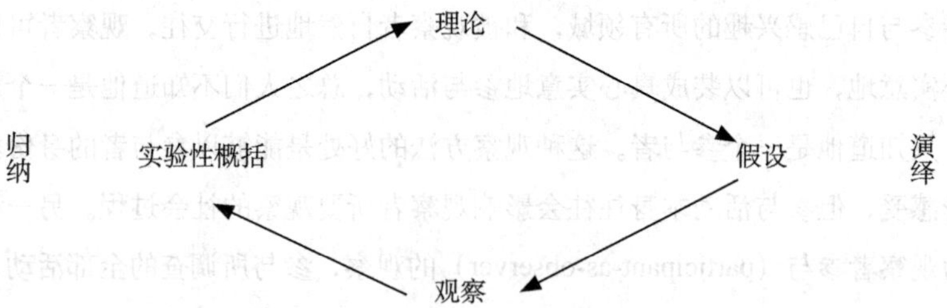

图 2.1　演绎法和归纳法的差异

在科学研究中，往往需要交替使用归纳法和演绎法。在演绎逻辑阶段，我们推断出观察；在归纳逻辑阶段，我们又根据观察来进行推断。

但是它们的作用又有所不同，图 2.2 是比较两种方法的一个示意图，表示的是学习时间和考试中的级别之间的关系，学习时间越多，级别也相应越高。演绎法的过程是：假设—观察—接受或拒绝假设；归纳法的过程是：观察—寻找型式—初步结论。两种方法都离不开观察。

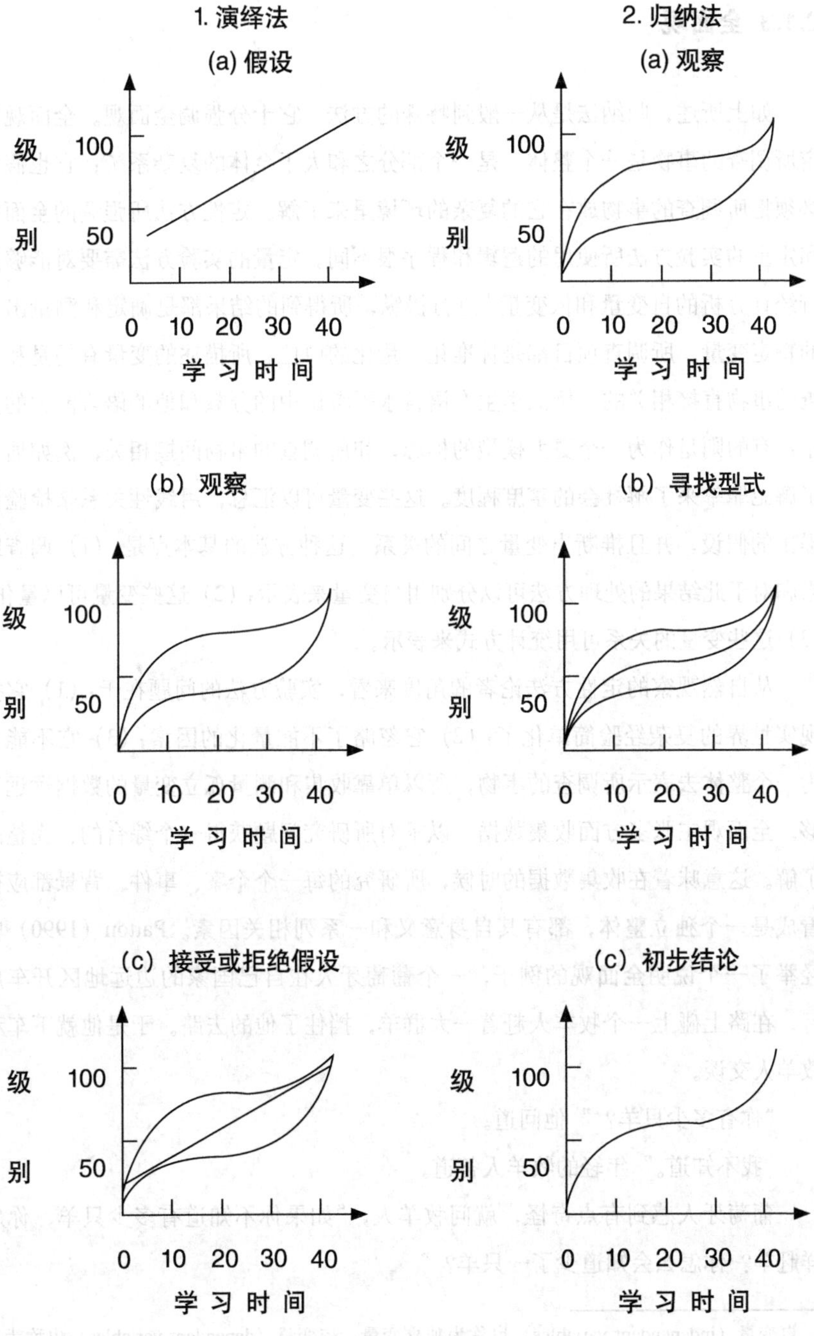
1. 演绎法
(a) 假设
级
别
100
50
0
10
20
30
40
学 习 时 间
(b) 观察
级
别
100
50
0
10
20
30
40
学 习 时 间
(c) 接受或拒绝假设
级
别
100
50
0
10
20
30
40
学 习 时 间
2. 归纳法
(a) 观察
级
别
100
50
0
10
20
30
40
学 习 时 间
(b) 寻找型式
级
别
100
50
0
10
20
30
40
学 习 时 间
(c) 初步结论
级
别
100
50
0
10
20
30
40
学 习 时 间

图 2.2

2.1.3 全面观

如上所述，归纳法是从一般到特殊的方法，它十分强调全面观。全面观假定所调查的事物是一个整体，是一个部分之和大于全体的复杂系统；它也假定必须把所调查的事物放在它的复杂的环境里来了解。定性方法所强调的全面观和定量的实验方法所使用的逻辑和程序很不同。定量的实验方法需要对能够进行统计分析的自变量和依变量[1]进行操纵，所得到的结果都是确定和测量出来的特定变量。所调查项目都是标准化、量化的单位。所描述的变量有的是和调查的事物直接相关的，例如学生在语言水平考试中的分数和他的语言能力的关系；有的则是作为一个更大模型的标志，和所调查的事物间接相关，例如通过了解犯罪率来了解社会的富庶程度。这些变量可以汇总，用线性关系来检验已提出的假设，并且推断出变量之间的关系。这种方法的基本点是：(1) 调查结果和对于此结果的处理方法可以分别用自变量来表示；(2) 这些变量可以量化；(3) 这些变量的关系可用统计方式来表示。

从自然观察的定性方法论者的角度来看，实验方法的问题在于：(1) 它把现实世界的复杂经验简单化了；(2) 它忽略了不能量化的因素；(3) 它不能作为一个整体去表示所调查的事物，所以单靠收集和测量孤立变量的数据远远不够。全面观主张多方面收集数据，以求对所研究问题获得一个综合的、完整的了解。这意味着在收集数据的时候，所研究的每一个个案、事件、背景都应被看成是一个独立整体，都有其自身意义和一系列相关因素。Patton（1990）曾经举了一个说明全面观的例子，一个葡萄牙人在自己国家的边远地区开车旅行，在路上碰上一个牧羊人赶着一大群羊，挡住了他的去路。于是他就下车和牧羊人交谈。

"你有多少只羊？"他问道。

"我不知道。"年轻的牧羊人答道。

葡萄牙人感到有点奇怪，就问牧羊人，"如果你不知道有多少只羊，你怎样赶羊？你怎么会知道少了一只羊？"

---

1 自变量（independent variables）也称为独立变量；依变量（dependent variables）也称为因变量。

牧羊人被这个问题难住了，他解释道，“我不必算有多少头。我熟悉每一头羊和整个羊群，如果数量不够，我马上就会知道。”他用的是定性法。

使用定量方法分离出来变量和标志的好处是经济可行、精密准确、易于分析，其信度、效度都可以量化，结论有力，令人信服。

使用定性方法来全面反映所调查事物的背景和各方面的影响的好处是可以将注意力集中于事物的复杂性、因素的相互作用、环境的影响、独特性和精细差异。

人类语言学强调定性方法，这是因为它由以下几个概念支撑：

1. 语言和其他的行为是互相依存的，不能孤立地研究语言。

2. 使用语言的环境十分重要，这些环境大部分都与非言语行为有关。

3. 各种语言有很大差异性，只能对它们作具体的描述和分析，不能套用别的语言模式。

4. 语言理论有可能从实际的现场调查和对语言功能的分析中产生。

应该指出，定性方法和定量方法并非对立，而是互相补充的。使用统计学的方法可以弥补定性方法的不足，故 Boas 在大学培养人类语言学家时，亲自开设统计学课程。很多文化语言学、社会语言学、语料语言学的研究也采用了统计方法。

2.1.4 综合法

全面观隐含着综合法（synthetic approach）。我们所研究的事物都包含许多个组成部分，可采取不同方法去对待它们。一种是综合法，它强调这些部分的相互依存关系，把这些部分看作一个相互联系的整体。另一种是分析法（analytic approach），它强调这些组成部分在构成整体中的作用，着重观察在某一个平面上的一个或一组因素在构成整个系统中的作用。综合法也称为系统方法。

以第二语言习得为例，第二语言习得包括许多因素，每一个因素都可以是一个研究领域。例如，我们可以研究母语对第二语言习得[1]的影响，可以研究

1 习得（acquisition）原来是指在自然环境下学会母语，这个概念后来伸延到在自然环境（如语言社区）中学习第二种语言，更进一步伸延到在非自然环境（如课堂）中学习第二种语言。习得强调的是学习者本身的学习。

不同的学习者性格变量的作用，可以研究社会环境的作用和个人与社会环境的互相作用，可以研究语言学习的生物和生理基础等。这个清单还可以不断地延长下去，无穷无尽。系统方法可以帮助我们把复杂的事物简约化。我们可以用某些统一范畴把所有相关的因素组合在一起，例如“生物因素”、“语言因素”、“情感因素”，以便讨论其复杂性。每一个范畴都是第二语言习得的一个子系统，子系统中还可以包括许多细分的子系统，如语言系统可分为句法系统、语音系统等。这些子系统并非存在于真空之中，而是互相联系的，例如在习得元音的时候，其他方面的习得（如音节结构、语音变异）也在同时进行，这些都可能对元音习得产生影响。所以第二语言习得研究是一个由互相联系的因素组成的系统，如图 2.3：

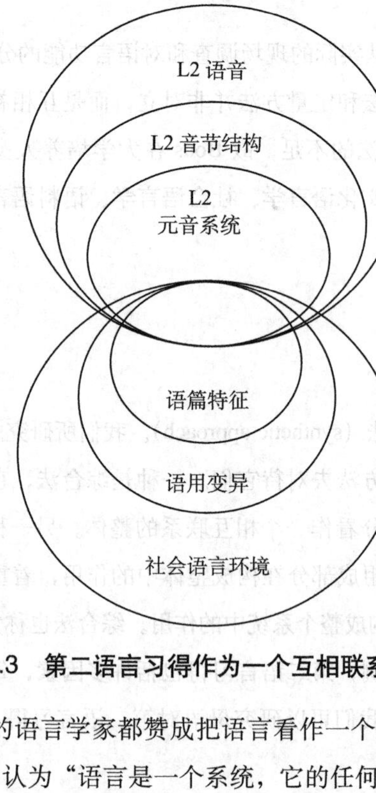

图 2.3　第二语言习得作为一个互相联系的系统

现代各种流派的语言学家都赞成把语言看作一个系统，结构主义的奠基人 Saussure（1916）认为“语言是一个系统，它的任何部分都可以而且应该从它们共时的连带关系方面去考虑。”“语言是一个纯粹的价值系统，除它的各项要素的暂时状态以外，它并不取决于任何东西。”“语言既是一个系统，它的各项要素都有连带关系，而且其中每项要素的价值都是因为有其他各项要素同时存在的结果”。Sapir（1921）在他的《语言论》中指出，语言是“一个约定俗成的任意性的符号系统”。Bloomfield（1933）也认为，“语言作为一个可行的信号系统，只有数量不多的信号单位，而信号所表示的却是实际世界的全部内容，其差异是无穷无尽的。”Firth 则主张把结构和系统区别对待，结构是组合的、平面的，而系统则是聚合的、纵向的。“系统为结构的因素提供价值，而系统的安排又依赖于结构”（F. Palmer 所编的 *Selected Papers of J.R. Firth*, 1968, 138f）。Halliday（1985）还进一步提出系统功能语法，“语言中的每一个因素都可以根据它在整个语言系统中的功能来解释。”就连在方法论上不赞成描写主义者和结构主义者所使用的归纳法的 Chomsky（1965），也承认生成语法“是一个规则系统，它用某种明示的、定义得很好的方法对句子进行描述”。

但是语言的系统观和语言研究综合的、系统的方法虽有密切关系，却不是等同的；也就是说主张语言系统论的人不一定采用系统的（综合的、归纳的）方法。一般来说，人类语言学家、描写语言学家、结构语言学家较主张采用综合的、系统的研究方法，从不同因素、不同部分、不同层面去研究它们之间的关系；而理论语言学家（如 Chomsky）则采取演绎方法来推导语言理论，Hjelmslev（1969）也强调语言系统观，但当他谈到发展语言理论时，却鲜明地指出，语言理论必须是演绎的，它是不断分析，而不是不断综合，“它根据它的前提推导出具有最大的概括性的各种可能性，然后应用到大量的实际数据中去。”“合适的程序应该是采取分析的和指定的，而不是综合的和概括的运动，从类到成分。”[1]

2.1.5 分类系统

要对语言系统和语言结构的不同部分、因素、层面进行描写、比较和分析，从而找出共同性和规律性，甚至建立型式或范式，就必须有一个严格的分类系统。这是整理和归纳数据的一个重要环节。使用分类系统方法的不限

1 Hjelmslev 认为语言理论的目标不应是用归纳法来归类（class），而是用演绎法来发现最大程度上的语言的局部变体，所以说从类到成分（components）。

于图书馆学、系统论和生物学，它是人类思维的一个基本原则。分类系统可以根据数据来归纳，也可以由研究者根据别的信息源来决定，但是不管用哪一种方法，都应该能够经受其他研究者检验。历史比较语言学从纵向研究语言的谱系分类，类型语言学则从横向研究人类语言体系，其研究成果都体现为分类系统。

1. 分类系统应该有三条共同准则：

（1）完整性。它必须能够解释所有数据，能够准确而合适地反映所有语言事实。也有人称之为详尽性（exhaustiveness）。

（2）一致性。它必须前后一致，没有内部矛盾。一种数据只能放在分类系统中的一个位置上。一些未经分析的原始数据必须能够完全检索出来。

（3）经济性。力图简洁，避免烦琐。各种标记必须清楚易记。

2. 分类系统还必须考虑三方面的关系：

（1）分子和同分结构的关系（allo/eme relation）。例如 allomorph 为词素变体，同一词素有不同形式，英语的复数词素为 /s/，/z/，/iz/；allophone 为音素变体，同一音素也可以有不同形式，如 /p/ 在 put 中是送气的，在 span 里则是不送气的。

（2）类和成员的关系（class/member relation）。例如 fruit 是上义词，apple 是其下义词，而 Macintosh Apple 又是 apple 的下义词。

（3）结构和成分的关系（construction/constituent relation）。例如“小李看书”是一个句子结构。这个结构可分为两个主要成分：“小李”和“看书”；“看书”又可分为两个成分：“看”和“书”。

在建立分类系统时，还必须注意分析系统的外部结构和内部结构，这就是 Pike（1967）所说的“etic 分类法”和“emic 分类法”[1]。etic 来自 phonetic（语音），而 emic 则来自 phonemic（音素）。在语音分析中，语言学家尽量记录新语言的语音形式，不管它们在语言中有何种联系。音素分析则涉及用语音数据去发现新语言的音素系统。所以 etic（外部的）分类法意味着对行为进行客观的外部描述，不必作什么解释；而只有经过长期的观察后，人们才能由表及里，解释

1 etic 和 emic 很难翻译成对应的汉语，故保留其原文。如一定要翻译，可译为“外部的”和“内部的”，但损失了原来的一些意义。

行为的 emic（内部的）含义。

Etic 和 emic 方法在研究语言和文化中的不同点有：

1. Etic 法从系统外部研究行为（包括语言），它所使用的单位都是事先存在的（如代表各种声音的语音符号）；emic 法是从系统内部来研究，只有通过分析某一系统后才能发现 emic 的单位（如一个语音学家在分析言语后才能了解音素）。Pike 认为，"etic 系统是根据系统以外的范畴或'逻辑计划'建立起来的，它可以来自'部分的信息'。"而"emic 范畴必须和系统的内部功能相关，要求通晓整个系统。"所以，"etic 数据是暂时的、初步的"，而"emic 数据是精练的、最终的"。

2. Etic 法是跨文化的、可比较的、可同时应用于几种语言和文化。而 emic 法则是针对某一特定语言或文化的，它只能应用在一种语言（或文化）上面。"Etic 法的价值在于它能对世界的各种行为作出综合观察，帮助人们更快地掌握一种新语言的数据；而 emic 法的价值则在于它表明一种语言或一种文化是一个有机的整体，使人们了解在生活舞台上的每一个演员——他们的态度、动机、兴趣、反应、冲突和性格。"

3. Etic 的范畴可直接测量，是绝对的；而 emic 的范畴则是间接的，相对的。例如按照 etic 范畴，英语和捷克语都有 /m/，/n/，/ŋ/ 这三个音素，但是从 emic 范畴看来，它们是相对于特定的语言系统的。在英语里，这三个音素是不一样的，如 sum，sun，sung；但在捷克语中，/m/ 和 /n/ 是有区别的，而 /ŋ/ 则是 /n/ 的音素变体。另一种说法是，讲英语的人用 etic 法来进行信息编码（他们对某些 p 的送气强，某些弱，某些不送气，这些都是无意识的），而在解码时则使用 emic 法，只注意那些显著性特征，例如靠浊音来区别 bunch 和 punch 中的 /p/ 和 /b/。

Pike 的这种区分法在人类学中得到了广泛的应用，例如考古学家 Deetz（1967）就建议在事实（facts）、事实素（factemes）和事实变体（allofacts）之间作出区别，为了了解这三个概念的区别，我们不妨看看他所举的箭头的例子（见图 2.4）：

箭头的凹口都是用来扣在箭杆上，因此它们都有同样的功能意义，可称为事实素（类似音素）。但是这些凹口都不相同：方的、三角的、圆的等，这些凹口的差异，可称为事实变体（类似语音变体）。而每一个凹口尽管形状不一，都可称为一件事实（类似 phone，单音）。

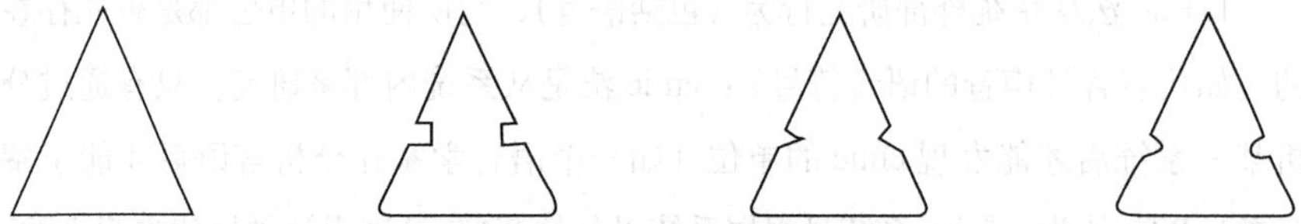

图 2.4　事实素和事实变体

同样，民俗学者 Dundes（1962）也在主题（motif）的基础上，创造了主题素（motifeme）和主题变体（allomotif）这两个词语。例如世界上的民间传说都有一个主题素：英雄经历磨难或危险的考验。但是考验的方式有很大不同，可以说是主题变体。而每次考验的叙述都可以看为故事主题的出现。

但是，尽管这两种方法的区别在语言研究中显而易见，但应用到非语言行为的研究上却仍有不少争议，争议点主要围绕 etic 法的地位和作用。一种看法是 etic 法的描写无非是发现 emic 系统的一个前提，是一块踏脚石；另一种看法是两者同样重要，不存在把一种描写转换到另一种描写的问题，我们可以从 etic 描写的角度去解释 emic 描写，也可以从 emic 描写的角度去解释 etic 描写。一份好的人类学报告应该既包括观察者尽量客观的描写（外部的 etic 描写），也包括对本地的资料提供人在讨论自己的文化时头脑中思考的描写（内部的 emic 描写）。

2.1.6 动态的发展

这种观点认为，我们所观察的事物是动态的、发展的，随着它所处环境的变化而变化。因此定性方法描述和分析的不仅是各种关系（静态的排列），更重要的是过程（动态的变化）。定量方法也收集收据，以说明所测量的变量发生了什么变化，从而决定所调查的事物在产生这些变化中的价值和作用，所以定量方法较适于研究那些较稳定、较一致且能够辨认出来的处理方法，能够量化结果，以比较不同处理方法的效果。定性方法较适于研究那些处于变化和发展过程的事物，以观察事物的变化和发展在观察对象身上所发生的影响。这些影响可以是可预期的，也可以是观察者所无法预料的。因此定性方法是一种面向过程的动态观察，不但能够反映预期结果，而且也要捕捉那些非预期的后果，特别是随着环境的变化而变化的因素。在语言研究方面，定性方法适于观察在各种不同的环境里，不同人群的语言使用情况。

但是，语言系统在动态发展中往往是相对稳定的，这样我们才能对它进行客观描述。Saussure 认为语言像下棋一样，是不断变化的。但在每一个阶段，棋盘上的每一个棋子和其他的棋子都保持着某种特定关系，往一个方向的移动与往另一方向的移动相平衡，因此它又是相对稳定的，或称为动态的平衡。

2.1.7 抽样

从表面看来，调查者在现场调查中尽量如实记录现场的活动，不用抽样。实际上，我们很难对每一件事物都作详细观察，调查者看到的仅是活动的一部分，所以他所观察的其实是他所能看到的所有事物的一个样本。有时观察者有可能在所观察的事物中作一些选择，这就需要采用一些适合于现场观察的抽样方法[1]。不像实验方法所用的控制概率抽样法，定性研究所采用的是有目的的抽样（purposive sampling），即选择那些被认为是最有助于了解研究对象的样本来进行观察。

一种方法是定额抽样（quota sample）。如果所观察的事物、人群、过程有明显界线，就可以采用定额抽样方法，使不同类型的单位都能包括到样本里。定额抽样要求我们对总体有所了解。Gallup 在 1936 年根据他所掌握的美国不同阶层的收入水平来决定每种样本的数目，成功预测了罗斯福在大选中的胜利。在 1940 年和 1944 年也同样取得成功。但在 1948 年的预测中，他却失败了，主要原因是在战争中美国大量人口从农村往城市转移，使得他根据 1940

1　在本书的不同章节里，我们都会谈到抽样（sampling），这里是从现场调查的角度来谈的有目的抽样，更详尽的讨论见 4.2。未来学家 Viktor Mayer-Schonberger 在《大数据时代》里提出大数据时代的思维变革的第一点是“更多”，主张使用全体数据，而不是随机样本，即“样本 = 总体”。但那是着眼于未来，而“认为样本选择的随机性比样本数量更重要，这种观点是非常有见地的。”“随机采样取得了巨大的成功，成为现代社会、现代测量领域的主心骨。但这只是一条捷径，是在不可收集和分析全部数据的情况下的选择，它本身存在许多固有的缺陷。”

年人口调查的数据所选的样本缺乏代表性。

第二种方法是滚雪球抽样（snowball sample）。例如我们想了解吸毒者怎样染上毒瘾的型式，可以先就便找几个吸毒者来了解，然后根据他们提出的线索，逐步扩大范围，由近及远，再归纳出染上毒瘾的型式。

第三种方法是异常个案（deviant cases）。有时，我们可以通过研究那些不符合规则型式的异常个案来加深我们对态度和行为的型式的了解。例如大家对某一个演出节目反应强烈，起劲地鼓掌，但是也有几个人不鼓掌，不妨访问一下他们，从另一个角度去了解群众的反应，这样认识就更为全面。

在通过抽样来进行现场调查时，应该注意两方面问题：

1. 可供观察的全部情景在多大程度上代表了你所要进行描述和解释的现象的一般类型？例如你要了解某种语言现象，并打算调查三种类型的资料提供人，他们能否代表总体？

2. 你在全部情景中所进行的实际观察能否代表所有可能的观察？你所调查的对象能否真正代表这三种类型的资料提供人？

虽然我们在定性研究中甚少采用控制的概率抽样，样本的代表性和结论的概括性仍然有密切逻辑联系。在我国语言学研究中，一些文章往往采用了定性方法，从一定理论框架或观点出发，然后收集合适的资料以便作出理论性概括。如果这些资料缺乏代表性，或有偏颇性（有意无意地排斥不符合自己观点的资料），那么结论就不够科学。所以有目的的抽样仍然要符合抽样原则，而不是按照研究的需要。

2.2 进行定性研究的程序

如上所述，定性研究是从一般到特殊的研究，所以有人把它描写成一个倒金字塔或漏斗形。还有人把它比作一个螺旋体，因为研究者收集从一般到特殊的数据时，往往要经历过一些观察和分析的重复性周期：随着研究的进展，每一个连续性的分析阶段都会把研究者的注意力导向不同观察面。所以定性研究一般都是比较开放的，往往取决于特定的研究环境，没有什么事先规定的严格程序，下面所谈的仅是一般做法。

2.2.1 定义所要描写的现象

定性研究采取综合方法，这意味着观察范围必须在某个阶段缩小。在研究早期，观察者可以不带任何框框，全面地观察现象，采取开放性态度。但是到了后期，就必须缩小观察范围。各种行为都是有层次的，大单位套小单位，因此，我们第一步是定义所要描写的现象，必须决定在哪一个层面上进行观察。例如在描述一种语言时，语音、形态、词、词组、短语、句子、段落、篇章都是可以描述的层面，但是层次越高，分析就越困难，因为层次高的单位包括很多子单位，子单位本身又包括很多子单位。而且层次越高的单位和使用环境的关系也越密切。Hymes（1972）指出分析言语行为时，应该区分三个层面：

1. 言语环境（speech situation）
2. 言语事件（speech event）
3. 言语行为（speech acts）

言语行为是最小的分析单位，如问候、道歉、表扬、介绍、提问等。言语行为根据某些社会规范组成一个连续性系列，就是言语事件，如交谈、访问、和售货员对话、打电话查询等等。言语环境是说话发生的上下文——即与言语行为相联系的典型环境，例如生日聚会、家庭晚餐、拍卖、看足球赛等。我们以一个校友聚会为例，说明这三个层面的关系。聚会本身是一个言语环境：它有始有终，通常在一天内完成；参加者限于老同学和他们的配偶。在这个言语环境里，会有一连串的言语事件：一群人可能在回忆他们过去的老师或课堂里的恶作剧；另一群人则在谈论他们毕业后的事业发展等。在每个言语事件里开个玩笑或是谈谈个人经历都是言语行为。

对所描写的现象进行定义也可以说是建立一个概念框架，这个概念框架规定了我们所要研究的维度——重要的因素和变量，而且对它们之间的关系进行预测。然后在这个框架里，形成我们的研究课题。

2.2.2 使用定性方法收集数据

定性研究所收集的数据主要是词语，而不是数字。词语能够直接、具体、生动地说明现象，说服力较强，连采取定量研究方法的人也越来越认识到定性数据的重要性，因而注意收集定性的数据。定性研究使用各种手段收集数据，甚至在同一研究中也使用不同的方法，以窥全貌。常用的方法有观察、录音、问卷、访问、个案、现场记录等。定性研究比单一的实验或测试能够获得更多的信息和启发，语料库语言学的兴起，可以更方便地收集更多的数据。

数据的收集在概念框架所规定的范围内进行，所以从一开始就按照分类系统的原则，制订一些严密的数据整理表格，使数据得到妥善保存并能够迅速提取。一般人以为收集数据和分析数据是两个不同阶段，但是实际情况是收集和分析往往会同时进行。我们在收集数据的同时，就要开始分析数据，看看获得的数据符不符合概念框架的要求，并生成新的收集数据的方法，克服观察的盲点。从一开始，就应把数据的收集和分析结合起来。整理数据的表格可以起到收集和分析相结合的作用。

定性数据主要是词语，但是词语也有其问题，主要是它比数字复杂，而且一词多义，离开了上下文就意义不完整或不准确，甚至没有意义，如“这个”和“它”需要看前指词才能断定其所指，汉语的“shizi”可以是“狮子”，也可以是“虱子”。英语的“board”可以是“木板”，也可以是“委员会”。数字则没有那么含糊，而且处理起来比较方便。要保持词语和数字的优点，就要对词语进行编码。在社会科学和人文科学研究中应用计算机技术已经越来越普遍，计算机可以把大量信息保存成文件和数据库，为资料的整理、重新组合和提取提供便利。但是要发挥计算机的作用，我们必须对信息进行编码。在上面我们已经谈到建立分类系统的必要性，编码无非就是把分类系统代码化。

对资料进行编码可以有两种方法。一种是根据研究的需要已经建立了一个相对完善的编码方案，如中国社会科学院语言研究所公布的《方言调查字表》，我们需要做的无非是把编码范畴定得更为细致和具体，然后训练编码人掌握这些范畴，调查后还要检查他们是否正确编码等等。但是如果我们在一开始时对数据的编码并没有把握，还不知道数据代表什么变量，那么就要采取另一种方法，先拿50—100张调查表进行分析，根据反应结果建立一个初步的编码范畴，然后再来对别的调查表进行编码。编码范畴必须是详尽的，而且是互相排斥的。也就是说，每一项信息只能放在一个范畴里面。还有一种介乎两者之间的方法，就是先提出一个一般的编码范畴，然后再逐步深化，Bogdan & Biklen (1982) 认为任何研究都应该处理以下十个从微观到宏观的关系：

1. 背景 / 环境：对周围环境的一般信息。

2. 情境的定义：人们怎样对所研究的背景进行定义。

3. 观点：思维和取向的方式。

4. 对人和物的思维方式：比 3 更为详细。

5. 过程：先后次序、流程，随时间发生的变化。

6. 活动：经常性的行为。

7. 事件：特定的活动。

8. 策略：完成事物的方式。

9. 关系和社会结构：非正式规定的型式。

10. 方法：与研究有关的问题。

社会语言学家在语言调查中还发展了一些收集数据的新方法，叫作提取法 (elicitation method)，可参见 4.3.2.3。

怎样提高数据和数据收集过程的质量是每一位研究者都关心的问题。首先是数据本身的质量。在研究过程中，往往有外部因素影响我们对数据的解释，使我们的观察失效，例如总体的特征是否有足够的代表性，样本或资料提供人的选择是否客观可靠，分类系统中所规定的变量是否清楚明白，研究环境会不会产生特殊的效应，研究者或调查人会不会对资料提供人产生特殊的影响。这都是外部效度的问题。如果我们所得到的结果不能延伸或应用到观察环境以外的环境，那么就是外部无效。有时候研究方案本身也足以影响结果，这就是内部效度的问题，例如样本或资料提供人是否是随机的，样本和资料提供人是否足够大，时间因素会不会影响数据的收集，所采用的调查工具是否足够敏感。

其次是数据收集过程是否前后一致且准确无误，这是信度的问题。例如作语言调查，特别是遇到一些不太明显的语言现象时，如果没有调查细目表，调查人就很容易有意或无意地出现偏颇，无法客观而全面地记录语言现象。这就需要提高评估员间信度 (inter-rater reliability)，查看不同的观察者对数据的处理是否一致。还有测试—重复测试信度 (test-retest reliability)，重复调查程序，查看是否可得到同样的结果。有时，调查者使用不同方式的数据调查程序，那就必须考虑平行调查卷信度（parallel form reliability），看看这两种方式是否能收集同类数据。如果一份问卷或考卷有若干个了解同一内容的独立项目，那就需要看这些项目是否都能抽取到同样的信息，这就是内部一致性（internal consistency reliability）。由此可见，不同的数据收集过程可能需要不同的信度检验。在定量研究中，信度是一个从 0.00 到 1.00 的指数。在定性研究中，不一定能够取得一个量化的指数，但其原理仍然适用。

2.2.3 在数据中寻找型式

定性研究并非从特定研究课题或假设出发，其所收集的都是原始数据，并没有进行筛选。研究人员必须从数据中寻找反复出现的型式，即型式编码。型式编码是有解释力的编码，用于找出主题、型式或问题。它把众多的材料归纳成更有意义的分析单位，因此又可叫元语码（meta-codes）。Harris（1951）在《结构语言学方法》里指出，“描写语言学是一种特定的考察领域，它并非研究整个言语活动的，而只是研究言语某些特征的规律性（regularities）。这些规律性存在于所考察的言语特征的分布关系之中，即这些特征在话语相互之间的出现频率。”由此可见，型式（也就是 Harris 所说的规律性）主要是指要素之间的某些稳定的相互关系。在型式的基础上，研究者可进一步形成假设，甚至提出一些解释调查结果的模型。例如，假设我们要研究人们在会话中是怎样轮流说话的，那么第一步是把会话录音或录像，然后反复观看，看有多少轮流说话的型式，最后形成假设，提出模型。

Miles, M. & Huberman, M.（1984）认为型式编码有四个重要功能：

1. 把大量数据归纳成更小的分析单位。

2. 使研究者在收集数据时就开始进行分析，使以后的数据收集更为集中。

3. 帮助研究者建立一个认知图式，以了解局部发生的事情。

4. 当几个研究者在进行个案研究时，它把共同的主题和因果关系显露出来，为跨场合研究奠定基础。

2.2.4 回到数据中去收集更多的数据以支持初步的结论

一旦找出型式，定性研究者就需要检验结论的效度。由于我们采用了各种方法去收集数据，就有可能使用三角验证（triangulation）方法来检验效度。就是说，看看不同的数据源能否产生同样的型式。使用这种检验方法可以增加结论的效度。

一般来说，导致定性研究失效的原因有两种：

1. 研究不是在自然环境中进行或收集的数据没有代表性。这就是说，有些因素在数据收集的过程中歪曲了所观察的行为。解决的办法是重复该项研究，看第二次所收集的数据能否归纳出同样的型式。重复研究可以检查在第一次观察时有无使观察行为异常的情况发生。

2. 没有控制在定性研究的数据解释中可能出现的主观因素。三角验证方法可以控制主观性，例如在研究会话中的轮流说话，我们可以在录音或录像的同时作现场记录，互相印证，还可以让别人来分析结果，看是否能得到同样的结论。这里说明，定性研究的数据必须具有可提取性（别的研究者能看到原始数据）和可证实性（别的研究者可以独立验证结果）。

2.2.5 研究过程的循环往复

经过第一阶段的数据分析后，我们可能还要对研究范围重新界定，缩小研究范围，这是一个使焦点更为集中的过滤过程。当研究的现象越来越集中时，研究者就必须再进行一次数据收集和分析。例如我们从数据中发现男人比女人在轮流说话中更为主动，那就需要缩小范围，收集更多的数据来验证这个型式。

2.3 定性研究、描述性研究和实验性研究

在上述讨论中，我们常常拿定性研究和实验性研究来比较，因为这两种研究有较大的差异。其实在它们之间，我们还可以区别出一种间乎两者之间的研究，这就是描述性研究（descriptive research）。

描述性研究和定性研究有共同点，也有不同点：例如，(1）与实验方法控制和操纵变量不同，它们都强调自然观察，不干预所调查的对象；但定性研究主张在调查前不带任何框框，不提出任何假设，而描述性研究则主张可以根据现存的数据或现象事先提出假设，作为考察的基础。(2）它们都强调综合的系统方法，主张全面地观察问题，但描述性研究不排除使用分析方法，以集中观察一些特殊现象。换句话说，描述性研究者虽然从一般的问题出发，但又将焦点聚于一些特殊的问题。(3）它们都主张归纳式，但描述性研究不排除使用演绎的方法。(4）定性研究较少采用定量手段，但描述性研究则在可能的范围内使用定量手段。除了上述的异同点外，进行描述性研究的程序和定性研究的程序基本相同。

由此看来，描述性研究脱胎自定性研究，但在可能的范围内也采取了一些定量研究手段。应该说，很多人类语言学、描写语言学、结构语言学、社会语言学，乃至统计语言学和语料库语言学的研究都采用了描述性研究的手段，所以本书主要关注语言描写方法，它以描述性研究为主，但也包括纯粹的定性研究和一些定量研究。读者从以后的讨论中可看得很清楚。

定性研究、描述性研究和实验性研究的区别见下图：

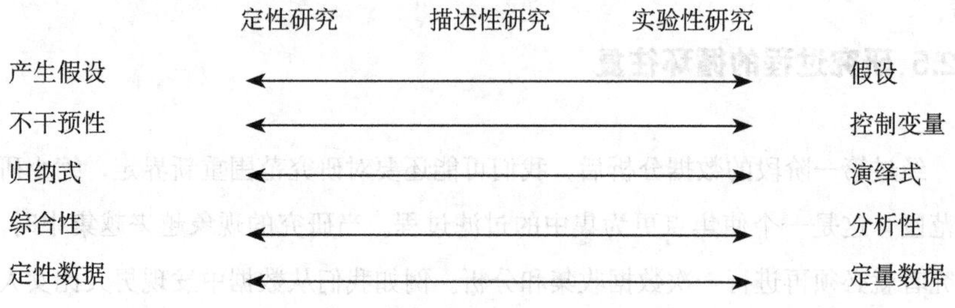

图 2.5

第三章 语言描写方法

3.1 现代语言学的诞生

19 世纪末期自然科学的发展使一些语言学家（如 Schleicher）从生物进化论的角度去看待语言，诱发了历史对比语言学的产生。早在 1786 年，英国人 Jones 发表了一篇文章，指出梵语和希腊语、拉丁语有很多相似之处，由此引发了一系列研究，于是确立了印欧语谱系。历史比较法比较方言或亲属语言之间的异同，找出它们相互的语音对应关系，以确定语言间的亲属关系，并进而构拟原始“共同语”。这种方法同生物学家用来研究生物进化的方法很相似，例如生物学家通过比较各种类人猿，发现它们都有五个能抓东西的手指，其中有一个大拇指，而且都有指甲，由此推断这些动物有共同的祖先。美国的 Bloomfield 在 20 世纪 20 年代也试图使用比较法来研究北美的一群 Algonkian 语者，他根据自己在北美五大湖区收集的四种 Algonkian 语的资料，构拟了一种原始 Algonkian 语。后来的研究者发现 Bloomfield 没有调查的其他几种 Algonkian 语也很符合原始 Algonkian 语的轮廓，于是建立了原始 Algonkian 谱系。这种历史比较法基本上采用了定性研究方法，先是调查研究、收集资料，然后从资料中寻找型式，故法国语言学家 Meillet（1924）认为，每一种古代的大“共同语”应该表现一种文明类型，所以世界上大部分语言看起来都是由少数几种共同语演变而来的。

现代语言学诞生的标志是描写语言学或结构语言学的出现，这与现代科学的发展也不无关系。Winograd（1983）在讨论到语言学的进化时，把历史比较语言学比作生物学，而把结构语言学比作化学。结构语言学始于欧洲（以 Saussure 为代表），但在美国（以 Bloomfield 为代表）得到发展，它注重对共时语言的个别语言的描述，而且受美国心理学中的行为主义影响甚深。行为主义者认为从心理过程去解释人类行为是不科学的，因为心理活动不可捉摸，我们只能依靠客观观察来分析人类行为，其中包括语言行为。这一点和人类语言学重视现场调查不谋而合。语言学家只能研究在自然环境中产生的语料。化学家采用实证科学的办法去研究物质结构的做法对语言结构的研究给予了很大启发。他们通过实验去决定一个复杂的物体由什么分子组成，并从基本元素的角度去分析这些分子。化学的最大成就在于找到一些基本元素，这些元素通过不同的组合，构成了我们的大千世界。门捷列夫的“化学元素周期表”是根据元素性质的周期性变化而排成的，展示了各种元素性质递变的规律。他甚至根据这些规律预测新元素的发现，并推断新元素的性质。通过要素的排列来发现要素之间的规律对语言学研究产生了重大影响，例如根据基本音素的排列制定国际音标。

美国描写语言学所采用的方法为现代语言学的数据收集和分析奠定了基础，20 世纪 60 年代以后，Chomsky 的转换生成语法打破了结构语言学一统天下的局面，此后出现很多语言学流派，尽管它们的理论模型很不一样，但是仍然在不同程度上继承着描写语言学的方法。

3.2 语言描写的基本概念和模式

Robin（1989）在《普通语言学》里指出，语言学和语言研究在科学中占有特殊的地位，因为语言学家既是语言系统或具体语言的观察者，又起码是一种语言——他的母语的产生者和评估者。这意味着语言学家既可以采取一种数据的“外部的”观察者的立场，又可以采取一种“内部的”分析家的立场。从“外部的”观点看来，语言学家和其他学科的科学家（如物理学家、化学家、生物学家）一样对待他的资料：观察、分类、寻找内部规律性、提出假设来检验更多的数据。别的观察者也可以在相同的基础上占有他所处理的所有数据。Bloomfield 和他的追随者们采取的就是这种“外部的”立场。

从“内部的”观点看来，语言学家是在观察自己，不但要了解自己所说和所写的涉及什么，甚至要了解自己的大脑是如何运作的，为什么自己能产生和了解无限的母语句子。语言学家以说话人 / 听话人的身份去分析自己使用的语言，别的母语者也同样可以占有他使用的数据。但是就每一个人而言，这些数据都是个人现象，不能直接和公开观察。Chomsky 和他的追随者们采取的是这种“内部的”立场。根据同样的思路，Kibrik（1977）列举了描写语言学的三个关键概念：

1. 考察的主题（语言或一部分语言）；

2. 考察的对象（书面文本或录音数据）；

3. 考察的成果。考察主题的模型，即语法。这是广义的语法，包括语言理论和具体的语言变异模型。

这三个概念其实表明了一种调查者 / 数据 / 理论模型的三角关系：

首先是调查者和数据的关系。调查者可以采取不同方法来进行一项共时的语言描写。“描写”的概念很广泛，它包括描写一种调查者一无所知的语言或描写调查者自己的母语。如果调查的是一种调查者不懂的语言，那么就要依靠资料提供人；如果调查的是自己母语的用法，那么就可以依靠资料提供人或自己的母语直觉（即用内省法）。所以假定输出的总是（不同程度的）理想化的语言模型，我们就可以从使用数据的类型来考察调查者和数据的关系。

其次是数据和理论模型的关系。根据数据而建立的语法模型多种多样：可以是“核心”语法的某些方面，如英语的名词短语结构；可以是某种语言的各个语法范畴；也可以是一个言语社区的某些成员系统地使用的某些变量（如 Labov 在纽约市调查的 5 个社会语言学变量）。这些理论模型都是长期的社会的、数学的、语言的抽象化结果，都可以说是理想化的语言模型，不管它们所采用的方法、理论目标和假设有什么不同，它们和数据的关系都是间接的。这说明了一条大家普遍接受的语言学原理：语言系统是不能进行观察的，是抽象的，而具体的话语却是可以观察的；这些话语体现了掌握该语言系统的人的语言能力。

Kibrik 把这种调查者 / 数据 / 理论的关系表现为图 3.1：

图 3.1(a) 表示调查者通过自己的语言能力直接接触目标语，这种语言的描写方法是内省式的自我观察（有时可用别人的内省结果来检查），所以它没有调查对象，故图中没有“数据”。这种方法不能用来研究调查者所不了解的语言或语言变体。因此，除非语言学家本人的母语是非标准的方言或没有文字的语言，否则他只能用这种方法来研究规范化的语言。在描述非标准的方言时，不能把语言直觉作为基本方法，而只能把它作为一种帮助聚焦的手段。虽然内

省法也能了解到语言的结构和组织的许多事实，但是它的应用范围不很广。理论语言学家（如 Chomsky）较多采用这种方法。

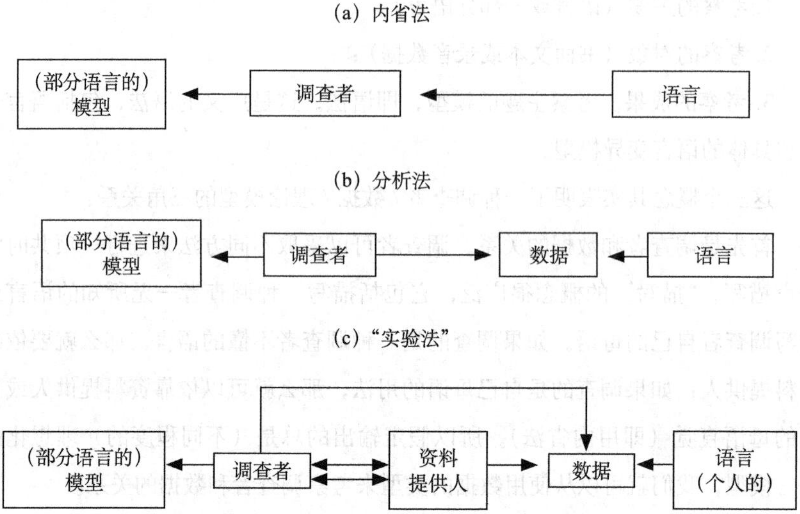

图 3.1

图 3.1(b) 所表示的方法也要求调查者本人必须了解目标语，但他需根据独立收集的数据来作出自己的理论概括，而不是依赖自己的语言直觉。一些语篇分析和文体学的研究者往往采用这种方法，因为一些关于语篇分析和文体学的理论概括难以凭语言直觉作出。但是我们能否凭这种方法，只通过语料分析就可以了解到我们一无所知的语言结构呢？ Chomsky 对这一点攻击甚烈，但事实上光用这种方法的情况是很少的。一般的情况是，除了依赖语料分析外，语言学家还采用别的方法，如图 3.1(a) 和 (c)。例如 Quirk 等（1972）所著的有关英语语法的书籍既使用了分析法，又依赖了内省法来提取语言结构的信息。

图 3.1(c) 所表示的是 Kibrik 所谓的“实验法”，这实际上是我们在前面谈到的现场调查的方法，并非我们在《语言学方法论：实验方法》中所讨论的实验方法。这种方法使用独立于内省观察之外的数据，往往是使用一个操母语的资料提供人来提供关于目标语或语言变体的语言事实。多数的社会语言学和方言调查把它与内省法和分析法结合起来使用。如果考察的是一种调查者所不知道的语言，往往将分析法和“实验法”一起使用。

3.3 语言描写的目标——抽象化

如上所述，语言描写本身不是目的，其目标是建立理想化的语言理论模型。所以语言分析和其他学科一样，都要在不同层面上对它的各种要素以及它们的相互关系进行抽象化，这些要素标志着具有相互关系的各种恒量、范畴和规则，我们研究和解释语言现象时经常会使用。在任何一个层面上，抽象化可有不同程度的概括，例如从语法上看，“地图”（从某些话语中抽象出来声音）、“名词”、“词语”可以说是不同程度的抽象化。抽象化的程度越高，它所包含的东西就越多：“名词”不但包含“地图”，还包含“书”、“白菜”、“工人”、“铁”等。从语音上看，“辅音 /b/”、“爆破辅音”、“辅音”也是不同程度的抽象化。

抽象化的东西都可以间接地体现为口语或书面语形式，而且一个抽象要素往往还可以有几个相应的形式，例如在英语里，名词的复数在发音里可以是 /-s/，/-z/，/-iz/，/ˈɔksn/（oxen），甚至 /men/（men）。同样，我们可对拉丁语、德语的格的变化，对很多语法范畴进行抽象化。抽象出来的要素和实际形式之间的间接的、复杂的关系在转换生成语法中更为明显。

Robin 指出，抽象化在语言形式的分析和描写中的地位是一个争议颇多的话题，但以下三点在不同程度上得到多数人的支持：

1. 如果分析正确无误，抽象出来的恒量应该以某种形式存在于所分析的语言材料之中。这种观点意味着语言结构是独立于分析者之外的客观实体，而分析的任务则是发现该结构的一些内部型式。语言学家的结论是否正确取决于结论是否符合事先存在的实际结构。

2. 母语者也能作出和语言学家的抽象相同的抽象，但他们的抽象是无意识的：它是某些心理结构的产物，是他们在儿童阶段习得母语的结果，是说话人的心灵和大脑的内容的一个部分。这种观点意味着语言学家根据观察所作出的语言分析结果在某些方面和母语者的心灵和大脑中的语言机制是一致的。Saussure 的“语言”（langue）和“言语”（parole）的区分，Chomsky 的“语言能力”和“语言运用”的区分，都和这一点相吻合。Saussure 认为，语言是一种语言的词汇、语法、语音组织，从小就作为一个言语社区的集体成果植根在母语者心中或脑中。说话人在说话时只能在这个语言组织的范围内运作，他实际说出来的是言语。Chomsky 所说的语言能力是指母语者对语言的直觉的知识，而语言运用则是他在实际使用语言时所做的事情。[1]

3. 语言学家所作出的抽象无非是他的科学术语的一部分，用来陈述规则和预测话语的形式。不排除这些科学术语和母语者的心理或大脑状态有某些对应关系，但两者之间并无直接关系。

这三种观点对语言学研究来说，都有一定的效度，多数语言学家或多或少地持有这种或那种观点。一般来说，持"内部的"观点的语言学家采取第 2 种立场，而持"外部的"观点的语言学家则赞成 1 或 3。

3.4 语言要素的分布

Harris（1951）在讨论到结构语言学方法时，首先谈到的是关联准则(criterion of relevance)，即分布。"描写语言学是一种特定的考察领域，它并非研究整个言语活动，而只是研究言语某些特征的规律性。这些规律性存在于所考察的言语特征的分布关系之中，也就是在话语中这些特征相互之间的出现频率。我们可能研究言语的各个部分或特征之间的各种关系，例如声音或意义的相同性（或其他关系）或语言历史中的亲属关系。"

Harris 进一步说明分布的概念：假定言语的音素表征是一对一关系，这并不意味着如果某一声音 X 和音素 Y 有联系，只要给出 Y，我们就把它和原来那个声音 X 联系起来。一对一的对应关系只意味着，如果某一特定声音 X 在某一特定的位置和音素 Y（或符号 Y）有联系，只要给出音素 Y，我们就在指定的位置和某些可以替换原来的 X 的声音的 X′，X″（即在分布上和 X 相同）联系起来。符号 Y 在指定的位置可代替任何可与 X′，X″ 互换的声音。所以 Haugen（1950）指出，"分布是区别语音学的音素学钥匙和区别语义学的形态学钥匙。这是数学方法和语言描写中的共同因素。……（分布）的根本方法，即替换，所指向的首先是发现分布。这种技巧跟自然科学的控制试验有些相

1 较近的观点（如 Hendriks，2014）认为 Saussure 和 Chomsky 的观点都是把语言看作语码(code)，其实语言也可以看作信号（signal)，信号是语言的实际运用，不能离开语境。只有结合语境才能进行语用分析。

同。……替换就是一个明显的成分实际上替代了另一个明显的成分。”

按照 Bloomfield 的定义，句子是一个独立的单位，不能凭借任何语法结构而包含在任何更大的语言形式里面。除了句子以外，每个语言单位都或多或少地局限于它所出现的上下文。如果两个或更多的单位发生在相同范围的上下文，它们就可以说是等值分布，即具有相同的分布，如图 3.2(a)；如果它们没有相同的上下文，它们就是互补分布，如图 3.2(b)；如果一个单位的分布包含了另一个单位的分布，那就是包含分布，如图 3.2(c)，例如 A 出现在所有 B 出现的上下文，但是某些上下文只有 B 出现，而没有 A 出现；如果两个单位分布交叉，那就是重叠分布，如图 3.2(d)，例如有些上下文中 A 和 B 都出现，但是它们各自又出现在自己的上下文里。

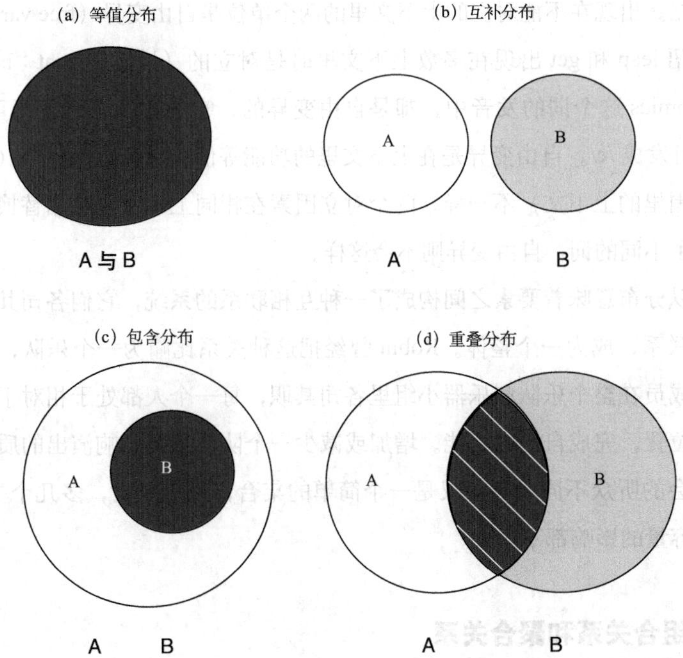

图 3.2

应该指出，“分布”既然和一个语言单位所出现的上下文有关，那么这个单位的出现就必然受到一定制约，而这种制约可以系统地表述。例如英语中的辅音 /l/ 和 /r/ 是部分等值的，它们都能出现在一些除了这个音以外的语音上相同的词里，如：light：right，lamb：ram，blaze：braise，climb：crime。但这是有限制的，不是所有的上下文都如此，例如 slip 没有相对应的 srip，trip 没有相对应的 tlip，blend 没有相对应的 brend，brick 没有相对应的 blick。在这些不可能出现的词里，srip，tlip 和 brend，blick 又是有区别的。前者可根据英语语音结构的一些规则来排除的（即作出系统表述），即英语中没有 /tl/ 和 /sr/ 那样的辅音丛；而后者的辅音丛 /br/ 和 /bl/ 不能作出系统表述，因为它们可出现在 blink：brink，blessed：breast 的上下文里。因此 brend 和 blick 在英语语音结构中是可以接受的，只不过英语中刚好没有这两个词。

由此可见，每个语言单位都有一个对立功能（contrastive，被 Saussure 称为 opposition）和一个组合功能。两个单位必须起码在分布上是部分等值的，这样才能对立。出现在不能对立的上下文里的两个单位是自由变异（free variation），例如英语 leap 和 get 出现在多数上下文里时是对立的（试比较 beat：bet），但在 economics 这个词的发音中，却是自由变异的，它的第一个元音既可发成 /iː/，也可发成 /e/。自由变异是在上下文里的功能等值，它和等值分布（出现在相同范围里的上下文）不一样。两个对立因素在相同上下文里互相替换的结果是产生了不同的词；自由变异则不会这样。

所以分布意味着要素之间构成了一种互相联系的系统，它们各司其职，但又相互联系，成为一个整体。Robin 曾经把这种关系比喻为一个乐队，乐队里每一个成员在整个乐队和乐器小组里各司其职，每一个人都处于相对于其他人的一个位置，完成自己的功能。增加或减少一个队员都会影响演出的质量。这和音乐会的听众不同，听众仅是一个简单的集合，是男是女，多几个少几个，对听众容量的影响都不太大。

3.4.1 组合关系和聚合关系

语言要素的关系有两种：一种是组合关系（syntagmatic），另一种是聚合关系（paradigmatic）。

组合关系指在某一个层面上各个要素之间的关系，这些关系把要素组成系列的组织，是一种横向的关系。例如英语中的短语 take care 可以在不同层面上有不同的组合关系：表示为音标的 /'teikkɛə/ 是一个层面，更加抽象的语音表征 CVVC CVV（C= 辅音，V= 元音）是另一个层面，语法排列的动词 + 名词又是一个层面。它们都可以说是不同层面上的组合关系。这些组合关系都指向口头的或书面的言语，它们可以作为主要维度。

聚合关系指处于结构中特定位置的可比因素之间的关系，是一种纵向的关系。例如：

首辅音 take /teik/

m /m/

b /b/

动词后的名词 take care

pains

thought

counsel

应该说明，(1) 组合关系和聚合关系互相依存。换句话说，一个语言单位和别的语言单位既有组合关系，又有聚合关系。没有这两种关系，一个语言单位就不成为语言单位。也就是说，每一个语言单位在一个富有各种关系的系统中都有其位置。(2)“组合”并非都含有“次序”的意思。组合关系并不意味着语言单位的次序必须呈线性排列。Lyons（1968）曾以汉语的声调为例，说明一个词的声韵和声调是难以分出谁先谁后的。说话虽然有时间次序，但是这个次序是否和语言结构有关，主要取决于语言单位的组合关系和聚合关系，并非取决于谁先谁后。(3) 在语言学讨论中，“结构”和“系统”常常可以替换使用，但也有语言学家（如 Firth）主张对二者进行区分：(语言) 结构可用来表示具有组合关系的要素，而（语言）系统则表示具有聚合关系的要素。在结构中有子结构，在系统中也可有子系统。

3.4.2 形式化

分布分析不但对描写语言学，而且对整个语言学的发展都起了重要作用。Lyons 举了一个简单的例子来说明它对语言形式化的影响：假定我们所分析的语料只有17个“句子”：ab，ar，pr，qab，dpb，aca，pca，pcp，qar，daca，qaca，dacp，dacqa，dacdp，qpcda，acqp，acdp。每一个字母代表一个词。可见a和p具有某些相同的环境（如：-r，pc-，dac-等），而b和r（如：a-，qa-等），d和q（如dac-a，-aca，ac-p等）也一样。只有c的分布比较独特（如：a-a，p-p，qa-a，da-a，da-p等），没有别的“词”出现在c所出现的环境中。如果我们把a和p归为X类，并把X代入a和p出现的地方，就有Xb，Xr (ar，pr)，qXb，dXb，XcX (aca，pca，pcp)，qXr，dXcX，qXcX (daca，dacp)，dXcqX，dXcdX，qXcdX，XcqX，XcdX。如果我们把b和r归为Y类，把d和q归为Z类，并把Y代入b和r出现的地方，把Z代入d和q出现的地方，就有（1）XY (Xb，Xr)；（2）ZXY (qXb，qXr，dXb)；（3）XcX；（4）ZXcX (qXcX，dXcX)；（5）ZXcZX (dXcqX，dXcdX，qXcdX)；（6）XcZX（XcqX，XcdX）。这样我们就能用六条结构公式来说明语料库的17个“句子”，并规定哪些词的位置分布是可以接受的。

这六条规则中的每一条分别描写了一种句子类型，而且说明语料库中的17个句子均可接受（即符合语法）。其实，它们可说明的不只这17个句子，而是48个句子。第一条规则有两个要素（X和Y），X包括a和p，Y包括b和r，所以可能的组合是四种（2×2），这可以表示为一条公式：

$N = p_1 \times p_2 \times p_3 \times \cdots \times p_m$（N为高一层面的单位数目，m为低一层面的要素的组合对立的位置数目，p_1为第一个位置的聚合对立的要素的数目等）。

1. 为2×2＝4
2. 为2×2×2＝8
3. 为2×1×2＝4
4. 为2×2×1×2＝8
5. 为2×2×1×2×2＝16
6. 为2×1×2×2＝8

所以这个结构所能描写的语言组合共有48个句子，有31个句子没有出现，但都可以接受。这个结构生成了所有的句子，而且给予每一个句子一种结构上的描述：pr 属于句子结构 XY，pcda 属于句子结构 XcZX，诸如此类。

3.4.3 一个实例

我们还可以举一个具体的结构主义语法为例来说明分布原理的应用，Fries（1952）在《英语结构》中提出三个句子框架：

（A）The concert was good (always).

（B）The clerk remembered the tax (suddenly).

（C）The team went there.

然后根据聚合关系的原则，把处于同一位置的词通通归为一类。以（A）为例：

The *concert* was good.

food

coffee

taste

container

difference

privacy

family

...

能够放进这个位置的词就叫作一类词（相当于传统语法的各类名词和动名词），因为这类词可以加“s”变为复数，而动词还有时态变化，所以框架（A）还可以补充为：

（The）________ is/was good.

...s are/were good.

一类词还可以出现在框架（B）和（C）里：

（B）

The *clerk* remembered the *tax*.

husband *food.*
supervisor *coffee.*
woman *container.*
difference.
family.

（C）

The *team* went there.

husband
woman
supervisor

Fries 一共提出 4 类词，第二类词为各类动词，第三类词为各类形容词和分词，第四类词为各类副词，例如：

（A）

	一类词	二类词	
（The）	______	*is/was*	*good.*
	______*s*	*are/were*	*good.*
		seems/seemed	
		seem	
		sounds/sounded	
		feels/felt	
		feel	
		becomes/became	
		become	

（B）

一类词	二类词	一类词
(The) ______	*remembered*	(the) ______.
______s	*wanted*	______*s.*
	saw	
	discussed	
	suggested	
	understood	
	signed	
	preferred	
	stopped	
	straightened	

（C）

一类词	二类词
(The) ______	*went* there.
______*s*	*came*
	ran
	started
	moved
	walked
	lived
	worked
	met
	talked

同样，第三类和第四类词也可放进（A）（B）（C）三种框架里。另外 Fries 还把功能词分为 15 组，包括冠词、代词、数词、名词所有格等。限于篇幅，不再列举。

和其他结构主义者一样，Fries 有意回避了传统语法中的各种词类的说法，而索性用简单的分类，因为（1）传统语法对各种词类的定义不明确，有的从意义上定义，有的从功能上定义；(2）英语中不少词有形态特征，可根据形态判断词类，如 goodness，departure 为一类词，soften，befriend 为二类词，misty，boyish 为三类词，rapidly 为四类词；(3）更重要的是，语言的结构体现在语言单位的排列上，我们有可能根据位置和形态来判断词类。例如，在以下几个词中，除定冠词（the）外，其他词在英语里都不存在，但凭其形态就可以断定为哪一类词。

The vapy koobs dasaked the citar molently.

3 1 2 1 4

3.5 语言形式的描写

对任何一种语言进行描写和分析都可以有两种不同的方法。

一种是把言语的较大单位作为出发点，例如一整段话语；然后把它逐步分解成各个组成部分，如句子和短语；然后再把它们分解成更小的单位，如具有不同功能的词和词组。这样不断地分解以找出语言的更小的“建筑砌块”，包括各个语音单位。这种方法把句法放到优先地位，一般用于研究分析者自己的母语，因为它依赖于分析者的母语语言能力（linguistic competence），与一个人学习外语所采用的方法大不相同。

另一种方法从语言的细节开始，学会辨认、发出和写下各种元音和辅音，并在单词和短语中使用它们。最后才了解单词怎样组成句子，掌握把小单位组成更长的句子的规则。这种方法和一个人学习外语的过程大致相同。

这两种方法，一种“自上而下”，一种“自下而上”，都有助于我们解决语言问题，但人类语言学家通常使用的是后一种方法，因为他们要研究的语言不是母语，而是一种他们知之甚少的外语。他们只能“自下而上”，一步一步地发现语言的结构，从而提高他们和本地人的交际能力，以了解他们的语言和文化。结构语言学或描写语言学继承了人类语言学的传统，把注意力集中在语言形式的描写上。

3.5.1 语音描写

语言描写有语音、形态和句法三个层面。语音的描写是研究得最充分和最透彻的一个层面。这是因为：

1. 人类语言学家在调查濒临灭绝的土著语言时必须收集大量的资料，这需要用到语音知识，以准确而详尽地进行标音，以便研究发音不同所导致的意义差别。

2. 人类语言的声音系统很不一样，而我们所使用的字母又不足以记录这些声音，如美洲西北岸一个印第安族的名字是 Tlingit（目前常用的叫法），但还有其他文献称之为 Thlinkit，Tlinkit，Thlinkeet，T'linkets，Klen-e-kate 或 Klenee-kate 等，要把这些声音记录下来必须有一套完善的标音系统。在 19 世纪后期制订的国际音标不但统一了标音系统，而且大大促进了语音的描写和分析。语音学正是在这个基础上诞生的：它所使用的辨别和描写声音的方法使语言学家能够对任何语言的声音进行客观描写，并列出详尽清单。所有人类语言的声音都可以根据相同的基本原则来描写。

3. 从解剖学和生理学的角度对声音发生的研究比较成熟，语音学家的认识也比较一致。

但是语言学家感兴趣的不仅是声音是怎样发生的，他们更感兴趣的是一种语言的语音系统或内部组织。这就导致了音素学的出现。音素分析涉及使用各种方法去发现语音系统，识别音素或声音的功能单位和范畴，弄清音素内部的变体（allophone），以及找出一种语言所特有的排列、组合和选择的规则。

我们可以从音素分析中看到分布原则的应用。例如：

1. 在相同环境里，两个语音上不同的“声音”可以区分出不同的单词，如英语的 [l] 和 [r] 可以区分 lamb 和 ram，lot 和 rot，light 和 right 等，我们就把它们称为音素 /l/ 和 /r/（方括号为语音符号，斜杠为音素符号）。但在别的语言（如汉语和日语）里，[l] 和 [r] 并不能在相同的环境里区别不同的单词，所以 [l] 和 [r] 的差别并非音素的差别。不能在相同环境里出现的语音单位（因而也就不能区别不同的单词）就是处于互补分布的关系。英语的边音 [l] 有清浊之分，在元音之前念清 [l]（clear [l]），而在辅音前或词尾则念浊 [l]（dark [l]），这可以说是同一个音素在位置上的变体。所以在有些语言里，没有必要把 [l] 和 [r] 看作两个音素，这和在英语里没有必要把清 [l] 和浊 [l] 看成两个变体一样。但在有些语言（如俄语和某些波兰方言）里它们却是不同的音素。

2. 各个音素之间都有组合关系和聚合关系。英语中的 /p/，/b/，/l/ 在不同的环境里处于聚合关系，如 /p/ 在 pet 里居首位，可为 /b/ 和 /l/ 所替换（试比较 bet 和 let），处于第二个位置的 /e/ 又可为 /i/ 和 /ɔ/ 所替换（试比较 pit 和 pot），处于第三个位置的 /t/ 又可为 /k/ 和 /n/ 所替换（试比较 peck 和 pen）。这样我们就可有下面的一个二维矩阵：

/p/	/e/	/t/
/b/	/i/	/n/
/l/	/ɔ/	/k/

这个矩阵的含义是处于上端的 /pet/ 的任何一个音素都可以为第二和第三行的相同位置的音素所替换，这就形成了一种聚合对立的关系。同时矩阵还告诉我们，替换的结果是七种不同的音素组合：/pet/，/bet/，/let/，/pit/，/pɔt/，/pen/ 和 /pek/。

我们实际上是把 /pet/ 作为“焦点”来观察聚合关系。但我们也可以不设任何焦点，让第一列的任何音素和第二、第三列的任何音素形成聚合关系，这就有 bin，lick，lock 这些词。但是这样的延伸也会产生一些非英语的单词，如：/bik/ 和 /lɔn/。这些词是在语音上可接受的“词”，但是在现实中并没有“实现”(actualized)。语言中有许多没有实现的组合，使话语产生羡余 (redundancy)。[1]

3. 语言中的每一个音素都有一些特殊的、不同于其他音素的语音特征，可称为区别性特征。这是 Jacobson 等（1951）首先提出来的，他们（以及布拉格学派的其他成员）所使用的术语不大好懂，这些术语主要建立在声学而不是语音的基础上。但是他们在研究语言时所采用的理论方法是结构主义的，其目的是发现足以区分任何语言的音素的一些对照特征。他们提出 12 种特征，世界上各种语言的语音系统都可以按这 12 种或其中的一些特征分析。他们认为过去所说的“特征的复杂性”其实“主要是人们的幻觉”，因为这些复杂的现象

1 redundancy 的另一种较流行的译法是“冗余”。

都可以归结为一些对立。以英语的塞辅音为例，

表 3.1　英语塞辅音的语音特征

	/k/	/g/	/ŋ/	/p/	/b/	/m/	/t/	/d/	/n/
双唇音				+	+	+			
软腭音	+	+	+						
齿音和齿龈音							+	+	+
浊音	–	+		–	+		–	+	
鼻音	–	–	+	–	–	+	–	–	+

从表中可看出，每一个音素在 5 个变量特征中起码有一个是不同于其他音素的。在这里还必须进一步指出，这些特征还有功能性与非功能性之别，如 /k/ 和 /g/，/p/ 和 /b/，/t/ 和 /d/ 的语音对立主要表现为浊音的正负值，这个清浊音的对立就是英语塞辅音的最小的功能对立，它是一个区别性特征。另一方面，/n/ 和 /k/，/g/ 的对立，/m/ 和 /p/，/b/ 的对立，/ŋ/ 和 /t/，/d/ 的对立主要表现为鼻音的正值。/n/，/m/ 和 /ŋ/ 这三个鼻辅音虽然也可以发成浊音，但是这在英语语音结构里并不重要，因为在英语里鼻音化本身预设并决定了浊音的发生。在聚合对立相同的位置里，英语里没有清鼻音。所以浊音和鼻音一起时，它是非功能性的。这种方法的优点是它能使我们更系统、更经济地说明某些音素的分布，例如英语里有很多词的开头两个字母的音素是 /sp/，/sk/，/st/，但是却没有以 /sb/，/sg/ 和 /sd/ 开头的词。这 6 种音素分布是有内在联系的，只需要一条规则就能说明："在 s_____ 的环境里清辅音和浊辅音的差别是非功能性的。"

3.5.2 形态

形态（词法）分析是语言分析的另一个层面。词素（morphemes）是语言中最小的、不能再切分的、有意义的单位。从语言结构的角度来看，词素分析和音素分析一样，也受到分布原则的支配：

1. 音素有音素变体，词素也有词素变体（allomorphs），例如英语名词的复

数词素是 /s/，但根据和它组合在一起时词素的语音形式的不同，有时又发成 /z/ 和 /iz/。它们的分布受下列规则所支配：(i) 如果复数的结尾是咝音，用 /iz/；(ii) 如果复数的结尾为浊音（包括元音），用 /z/；(iii) 如果复数的结尾为清辅音，用 /s/。

2. 词素可以作为一个分布单位来对待。Lyons（1968）指出，词素的定义里并没有规定词素一定是词中的一个可辨认的切分成分。因此我们可以说英语的 worse（较坏）有两个词素，一个词素和 bad（坏），worst（最坏）共享“坏”的意思，另一个词素和 taller（较高），bigger（较大），nicer（较好）共享“较”的意思。这可以用等值分布的比例关系来描述：

bad：worse：worst = tall：taller：tallest

这个比例关系表示 worse 和 taller 在语法上一样，都是形容词的比较级，因此，

worse
John is　　　　than Michael
taller

但是 worse 和 taller 在意义上不一样，用它们来修饰名词不能不引起意义上的改变。我们可以用符号的形式来表示这种分布上的比例关系，用不同的字母代表一个不同的词：

A : B : C = D : E : F

如果我们把它分解成因子，就有下列的代数比例：

ax : bx : cx = ay : by : cy

这就是说每个词都分解为两个因子。第一个因子是 x 和 y 的区别：方程式左边的词都是 x，右边的词都是 y。第二个因子是 a、b、c 的区别，方程式左边的第一个词相当于方程式右边的第一个词。这些因子也就是词素。

3. 词素有两大类：一类是词根（bases）词素，另一类是附加（affixes）词素。一种语言的词汇就是通过这些词素的组合而产生和发展的。语言学家还发现不同语言的词和词素存在着一定的比例关系：在一些语言里，一个词素就是一个词，这就是孤立语，或称分析语；在另一些语言里，词根词素和附加词素的关系十分紧密，以至于词缀成为词的一部分，如拉丁语的 amo（我爱）和 amas

（你爱）。这就是屈折语，间乎两者之间的是黏着语。Greenberg（1968）指出，词和词素的关系可以表示为一个指数，即词素的数目除以词的数目，其结果就是词的平均词素数。他发现爱斯基摩语的平均数最高，为 3.72。他还认为，平均数在 1.0—2.2 之间的是分析语，在 2.2—3.0 之间的是综合语（即黏着语），在 3.0 以上的是多式综合语（即屈折语）。汉语是典型的分析语，英语也属这个范畴；而土耳其语则是典型的多式综合语。在研究儿童语言发展时，我们往往还使用话语平均长度（mean length of utterance，简称 MLU）来作为语言发展的指标。话语平均长度通过计算句子的平均词素数而取得。一般的儿童语言习得的研究者还认为，成人对儿童谈话时使用一种保姆式语言（motherese），其话语总比儿童的话语略为复杂。话语平均长度就是用来衡量这种复杂程度的。当然用词素来衡量语言的类型和语言的复杂性必须十分小心，因为语言学家对什么是“词”并没有统一的说法。有的语言（如英语）把词定义为两个空格之间的字符串，但有的语言（如汉语）就没有那么简单，字和词的界限并不明确，切分词的原则也不一致。

3.5.3 直接成分分析法

“直接成分”（immediate constituent，IC）是 Bloomfield（1933）首先提出的，与传统语法中主语和谓语的概念相似，它是组合和聚类关系的必然引申：句子由一定次序的有意义的字符串组成，它们包括由词组和词构成的单位，每一个单位都是这个句子的成分。这些单位是一个句子的组成部分，故称为直接成分。所以一个句子不仅是要素的线性排列，而且是由不同层次的直接成分组成的，每一个低一级的成分都是高一级成分的一部分，故朱德熙（1980）称之为“层次构造”，例如：

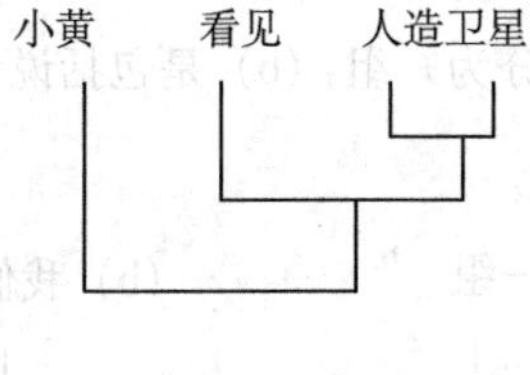

这个句子由不同层次构造组成，假如我们要说“老李说小黄看见人造卫星，”

那就需要更多一个层次：

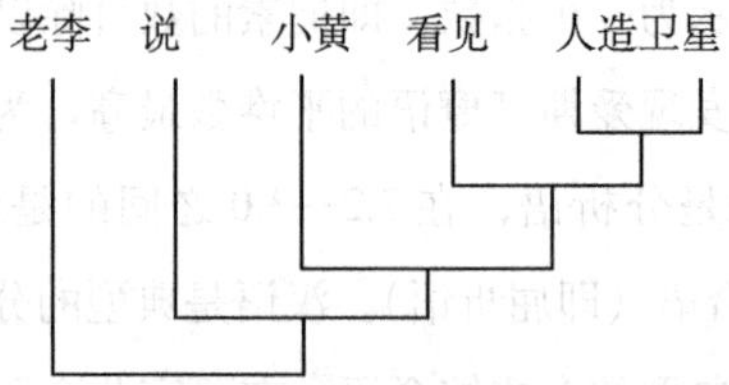

直接成分分析法把一个句子分割成许多大大小小的片段，一个大片段又包含一些小片段。直接成分分析法把人们怎样形成和理解长句的手段形式化。一个长句的结构和一个不能再分割的短句的结构基本上是一样的，这些不能再分割的短句可以称为基本句型。长句无非是基本句型的扩展式，例如“老李”可以扩展为“满头白发的老李”，“人造卫星”可以扩展为“我国发射的人造卫星。”

另一种表示直接成分的方法是用括号：

((小黄)(看见(人造(卫星))))

((老李)(说((小黄)(看见(人造(卫星))))))

我们可以在分布的基础上进一步考察直接成分分析法，句法结构可以按照它们和成分的分布分为两大类：向心结构（endocentric construction）和背心结构（exocentric construction）。向心结构是其分布和至少一个成分是相同的结构，也就是说具有分布上等值的关系；所以“满头白发的老李”是向心结构（满头白发的老李 = 老李），“广州和北京”也是向心结构（广州和北京 = 广州 = 北京）。不是向心结构的结构都是背心结构，也就是说它们没有分布上等值的关系。例如汉语的“凉的”（凉的 ≠ 凉，凉的 ≠ 的），英语的介词短语 in Vancouver（in Vancouver ≠ Vancouver，in Vancouver ≠ in）都是背心结构。上述的两个向心结构也有所不同，第一个表示的是偏正关系，而第二个表示的是并列结构。成分分析法在汉语语法方面的应用请参考朱德熙（1962）。

直接成分分析法有助于解决句法歧义，例如“我们三人一组”有两个意义：(a) 是我们这群人每三个人分为一组；(b) 是包括说话人在内的我们三个人分成一组，其他人分成另一组。

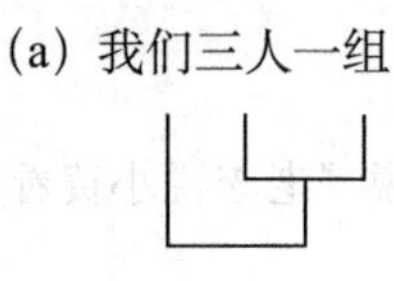

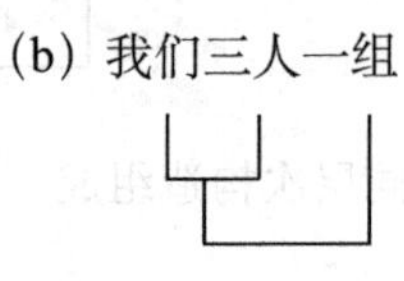

又如英语的 beautiful girl’s dress 也是歧义的，beautiful 可以修饰（a）girl，也可以修饰（b）dress：

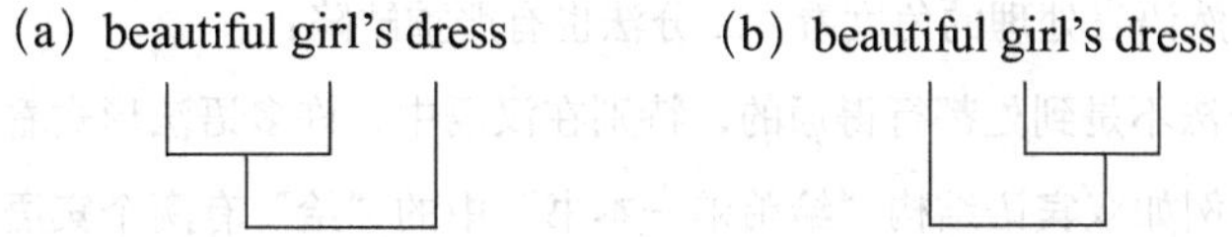

但是直接成分分析法不能解决所有的歧义问题（Lyon 称为因素分布上的分类），例如 they can fish 也有两层意思：一是“他们能钓鱼”（can 为情态动词，表示“能够”）；二是“他们把鱼造成罐头”（can 为及物动词，表示“做罐头”）。

Halliday（1985）认为直接成分分析法在括号里只容许两个成分，并不可取。他认为打括号有两种方法：一种是只要能打括号的地方都打括号，这可以说是最大限度的括号处理（maximal bracketing），其结果是赋予一个句子以最大限度的结构，这就是直接成分分析法。但是还有另一种方法，在不得不打括号的地方才打括号，这可以说是最低限度的括号处理（minimal bracketing），也可以说是排列成分分析法（ranked constituent analysis）。例如 tigers climb trees（老虎爬树），用直接成分分析法处理有（a）和（b）两种结果：

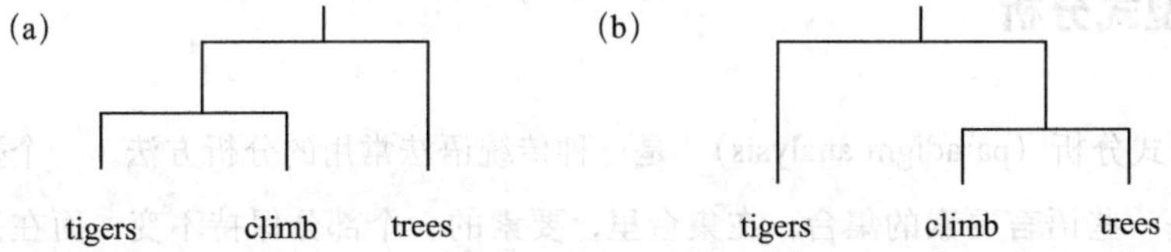

（a）回答的是 What do tigers climb?（老虎爬什么？），而（b）回答的是 What do tigers do?（老虎干什么？）用排列成分分析法处理的结果是（c）：

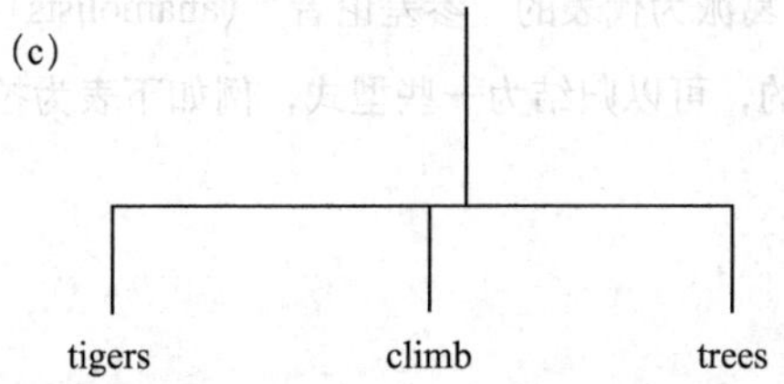

（c）回答的问题是 What do you have to tell me?（你有什么要告诉我的？）由此可见，最低限度的括号处理只处理那些具有某些相对于更大单位而言的功

能的成分，它实际上是功能的括号处理。因此研究语言功能就不能采取最大限度的括号处理，而必须采取最低限度的括号处理。我国学者冯志伟（1991）也指出，从自然语言处理的角度看，二分法也有严重缺陷：

1. 二分法不是到处都行得通的，特别在汉语中，许多语法形式看来宜于采用多分法，例如双宾语结构“给弟弟一本书”中的“给”有两个宾语，兼语式结构“请他作报告”中的“他”既是“请”的宾语，又是“作报告”的主语，把它们分为三部分来处理，更为清楚。

2. 采用多分法可以在自然语言处理中减少编制程序的工作量：一些长句子，如果采用二分法，层次会多至十层八层，计算机在处理这样多层次的树形结构时，需逐层进行，运算量很大，而采用多分法，大大减少了层次，提高了自然语言计算机处理的工作效率。

3. 采用多分法可以抓住句子的主干，把句子的格局清楚地显示出来，便于检查和研究。

成分分析法是语言形式化处理的不可缺少的手段，Chomsky 提出的短语结构语法就是在直接成分分析法的基础上发展出来的。

3.6 型式分析

型式分析（paradigm analysis）[1] 是一种传统语法常用的分析方法。一个型式就是一些语言要素的集合，在集合里，要素的一个部分保持不变，而在另一部分里每个成员都不同。这种分析方法主要是把要研究的要素区分为“同”和“异”。这种方法可以追溯到古希腊以亚里士多德派为代表的“整齐论者”（analogists）和以斯多葛派为代表的“参差论者”（anamolists）之争。整齐论者认为语言是有规律性的，可以归结为一些型式，例如下表为拉丁语的两个动词的词法变化表。

1 paradigm 在希腊文里是“模本”、“范例”的意思，但在语言分析里还指词法变化表。词法变化表就是归纳了各种形态变化，供人模仿的“型式”或“范式”。

表 3.2　拉丁语两个动词的词法变化

amo	我爱	laudo	我赞扬
amas	你爱	laudas	你赞扬
amat	他、她、它爱	laudat	他、她、它赞扬
amamus	我们爱	laudamus	我们赞扬
amatis	你们爱	laudatis	你们赞扬
amant	他们爱	laudant	他们赞扬

两个动词的型式都是一样的，第一部分 am- 和 laud- 不变，然后第二部分的六个项目均有所不同，但是不同的方式是一样的，这就形成一条简单而全面的规则。

单数	复数
-o 我	-amus 我们
-is 你	-atis 你们
-at 他、她、它	-ant 他们

其实人类都是用这种方法来将经验分类的，每一种新的经验都按照它和过去经验的关系而区别为“同”或“异”。这也是我们在语言描写时进行概括的基本的定性方法。我们所做的无非是把一大堆数据（语料）进行归类分析，然后作出表述。

这种分析方法在现代语言学的语言普遍现象和类型学研究中得到广泛使用。在可能的情况下，还附以定量的描写。例如 Greenberg 在研究辅音丛的蕴涵的普遍性（implicational universals）时，发现在所有的语言里词首辅音丛都蕴涵着词中辅音丛，但有词中辅音丛的却不蕴涵词首辅音丛。这就可以归纳为：

	词中辅音丛	－词中辅音丛
词首辅音丛	+	−
－词首辅音丛	+	−

这就把世界的语言分为四类，而有三类都可找到例证：

1. 既有词首辅音丛又有词中辅音丛的语言（如英语）

2. 有词中辅音丛而无词首辅音丛的语言（如泰米尔语）

3. 既没有词首辅音丛也没有词中辅音丛的语言（如夏威夷语）

4. 有词首辅音丛而无词中辅音丛的语言（无）

另一个常为人引用的是 Greenberg（1963）关于词序的研究。每一种语言都有主语（S）、动词（V）和宾语（O），虽然有些语言的词序比较自由（如拉丁语），但是每一种语言都有其正常的词序，像汉语和英语都是 SVO。这三个成分共有六种组合，但 Greenberg 发现有两种组合（OVS 和 OSV）并不存在，而有一种是很罕见的（VOS）。Utan（1969）所提供的比例数字是一个很好的补充：

VO（宾语在动词后）的语言		OV（宾语和动词前）的语言	
SVO	35%	SOV	44%
VSO	19%		
VOS	2%		

由此可见，世界上大部分（79%）的语言都是主语在前的。

型式分析法涉及三个因素：(a) 维度（dimension），(b) 属性（attribute），(c) 语言在“属性空间”（attribute space）的分布。例如辅音丛的分析有两个维度，每一个维度都有其属性，这里有没有词首辅音丛，有没有词中辅音丛。在类型分析中，每一个维度都是逻辑上独立的，而维度下的属性都有它的值（总是二或多于二），在本例里是有或没有。逻辑上独立指的是：一个属性的任何值可以和别的维度的任何属性的任何值组合起来，构成全部的属性空间。所以每个维度的值的数目相乘就可以得到全部类型的数目，在这里是 4。也可以有一个维度的类型。例如世界上的语言都有元音的音段，所以这是一个单维度类型，其属性为元音性，有两个值：有或没有。世界上的语言都有元音，属于一类；世界上没有语言属于另一类，即没有元音的。

语义分析中的成分分析法（componential analysis）其实是把特征分析和类型分析结合起来。例如：

	“男性”	“女性”
“成人”	man	woman
“青年”	boy	girl

这个表显示了两个维度：一个是性别，另一个是成年程度。整个表其实还表示了另一个维度——人类，以区别于非人类。因为没有和非人类比较，故没有给出。这几个词的意思可以表示为以下特征：

man：＋人类＋成人＋男性

woman：＋人类＋成人－男性

boy：＋人类－成人＋男性

girl：＋人类－成人－男性

这种方法通过比较一些语义对立因素来分析词义，是以二元对立为基础的。它进一步发展成为语义场的理论，而且被运用到 Chomsky 的标准理论里，成为选择性限制（selection restriction）原则。但并非所有的意义都能简单归结为二元对立关系，Slobin（1979）指出，“并非所有意义都能‘分解’为这些特征，例如把 red（红色）和 green（绿色），beautiful（美）和 ugly（丑），acquaintance（老朋友）和 friend（朋友）区别开来的特征是什么？试对 chair（椅子）一词进行特征分析，就会发现它属于一类边沿模糊、往各个方向发展的词。如果椅背较低，椅脚较长，它就成为 stool（凳子）；如果座位较宽，它就成为 bench（板凳）。”他还特别引用哲学家 Wittgenstein 关于 games（游戏）的论述来说明，一个在不同上下文的词的意义难以用统一的特征来分析，例如 board games（棋类游戏），card-games（纸牌游戏），Olympic games（奥运会）。

3.7 话语分析

话语分析（discourse analysis）亦称为语篇分析（text analysis），对这个领域的研究就是语篇语言学（text linguistics）。一般来说，“话语”偏重于口头语言，而“语篇”则着重于指书面语言，但是我们在这里把“话语”和“语篇”都用来指口头语言和书面语言，不再细分，因为讨论的重点是它们的研究方法。另外，英语的 utterance 和 discourse 有时在汉语里都叫作“话语”，其实 utterance 是 discourse 中的更小单位——语句。但是“语句”有时又容易和“句子”（sentence）混淆，所以我们把 utterance 和 discourse 都叫作“话语”。如果非要区分，我们才把前者叫作“语句”，后者叫作“语段”。

Harris（1960）在他给《结构语言学方法》所写的序言里，对分布法作了两点重要补充：一是建议用核心句和转换规则来描写语言；二是强调以前的语言分析并没有超出句子范围，而已知方法并不容许描述句子之间的结构关系。他提出用分布法框架来进行话语分析，把出现在相同语境中的词（或语素）看作等值的。两个等值的词并不要求它们在意义上等值，只要求“出现在相同环境”。但是这种方法只能用来处理非常简单的句子关系，碰到复杂的句子就不好办，于是他提出转换方法。

Harris 提出的方法似乎并没有引起大家的注意，不过语言描写不能局限在句子内，而必须伸延到句子之间的关系，却已经是很多语言学家的共识。话语分析研究的代表人物之一的 Beaugrande（1991）编著了一本从话语的角度看语言理论的文集——《语言理论》，列举了 Saussure，Sapir，Bloomfield，Pike，Hjelmeslev，Chomsky，Firth，Halliday，van Dijk & Kintsch 和 Hartmann 等人的论述，可见不同学派语言学家都觉得话语是不能忽略的一个领域。

话语分析可以从定性和定量两个不同的角度来研究。

3.7.1 话语分析的定性研究

3.7.1.1 话语分析的理论模型

话语分析的定性研究可以从理论模型和描写框架两个方面来讨论。

1. 早期的研究从 Bloomfield 和 Harris 开始，强调的是话语结构的分布。在 Chomsky 的转换生成语法影响下，又有人把生成语法的范围延伸到句子之上的语篇结构的研究，例如使用“语言能力”和“语言运用”那样的概念去分析话语。但是有些语言事实是显而易见的，如代词的意义只能通过语篇的一些句子“成分”的关系才能理解，因此 Chomsky 的以句子为中心的看法便受到质疑（见 Rieser, 1978）。而从话语分析角度来看，语言运用的说法也不是很妥当，Widdowson（1979）指出，“语言运用实际上是一个将语言能力不能解释的所有的东西都堆放在一起的残余范畴，这意味着这些东西都是不完整的、不规则的；而语言能力所能解释的系统的特征则另外放在一个可以称之为说话人语言知识的仓库里。”在后结构主义语言学派中，Pike 提出的法位学主张对话语结构的影响进行研究，集中观察这些问题：为什么在某些语境里要用一个长句来代替一段话或要用几个短句来代替一个长句？在什么时候一个意念的结构会编码成几个表层的配置？衔接（cohesion）在话语中起了什么作用？法位学强调在分析表层结构时不要忽略“深层 / 语义 / 意念”结构，用型式而不是用规则来表示语言信息，注意考察语言的分层结构，对日后话语分析理论的发展起了重要作用。布拉格语言学派对话语分析也作出了贡献，他们认为一个句子应该从三个角度去对待：语义、语法、功能。所以 John explained the problem 这个句子，从语义上看是施事者—动作—目标；从语法上看是主语—动词—谓语；从功能上看是主位—过渡—述位。Firbas（1975）由此提出了“交际能动力”（communicative dynamism）的概念：“交际能动力是交际活动在发展（开展）要传递的信息时所表露的一种特性，它对这种发展起到推进作用；换句话说，交际能动力这种特性可以表示为对发展话语的贡献程度。”由此可见，交际能动力在不同程度上对不同句子成分赋予主位或述位的性质，这就显示了句子的不均匀分布，而且说明对句子的功能分析是话语分析的重要环节。Halliday 的系统功能语法在两个方面对话语分析作出贡献：一是强调文化语境（决定有哪些潜在的行为可供选择）和情境的上下文（决定从行为备选中作出什么真正选择）；二是提出从“可以做”（can do）到“可以表示”（can mean）和“可以说”（can say）的公式。这就是说，潜在的行为可以通过选择潜在的意义转化为潜在的语言。Austin 和 Searle 的为人熟知的语言行为理论把话语的修辞功能形式化，对话语分析模式的建立也带来很大的影响。所有这些研究都可以被当作前话语分析理论研究。

2. 话语分析模型研究是从欧洲语篇语言学的建立开始的。有三种值得注意的倾向：

第一种是企图把生成转换语法引入话语分析，如 Petöfi（1975）提出了语篇结构 / 世界结构的理论，试图把生成语义学扩展到语篇层次的研究。从方法论的角度看，他的理论主张语篇中的语句是基本语言单位；分析手段应该包括话语中的语音、句法、逻辑—语义、语用等方面；语言描写的目标是操本族语者对上述几个方面的知识；这些知识可以用明示的规则系统来表示。要达到这样的目标，首先必须用句法 / 内涵语义特征来表示自然语言的语篇，然后用世界语义 / 外延意义特征去解释句法 / 内涵语义，最后用这两类特征来比较语篇。内涵语义和外延语义的描写都含有语用方面的描写，要把内涵语义转换为外延语义必须使用生成转换语篇语法。

第二种是从心理语言学的角度来研究话语分析，如 van Dijk 的微观 / 宏观结构理论，其基本出发点是话语处理是输入时所赋予话语结构的函数。句子的形态和句法结构虽然在理解中起了重要作用，但是除了某些语体上的例外，这些结构并非储存在长期记忆里，例如，要解释某个中东政治家的演说的几句开场白，当然需要理解各种形态和句法结构；但要有效率地理解，必须首先赋予一个话语结构（开场白）。van Dijk 等（1978）提出这样一个理论框架：

（1）话语理论，它包括：

a）话语语法。起码要有

——关于句子和一系列句子的语义表征（命题）理论（微观结构）；

——关于全面的话语结构的语义表征理论（宏观结构）；

——把微观结构和宏观结构联系起来的理论；

b）更为一般的（非语言的）话语结构理论和对不同种类话语的特殊理论；

（2）话语结构处理的理论或模型，特别是关于语义信息、记忆储存、记忆转换、检索、产生和使用的处理。

（3）更为一般的复杂认知信息处理的理论，把处理话语的能力与接受视觉输入后对复杂的事件和行动的感知和记忆能力联系起来，与在肉体和心灵上计划、组织、执行复杂行动（如推理和解决问题）的能力联系起来。

van Dijk 所说的在微观结构层面上赋予语义表征——"命题"和一般的理解不一样：在把一个句子转化为几个命题时，语义、语用、语体因素，甚至认知和社会因素都在起作用。例如"He is an ardent reader of *The Daily Telegraph*"就可以产生一些命题，如"He is a highly literate intellectual"，"He is English-speaking"，"He is Conservative in political affiliation "。这已经不是单从语言结构的角度来看命题了。

在 van Dijk 的模型里，话语的全面意义由语义宏观结构来表示。这些结构也用命题来表示，因此我们需要语义映射，即用宏观规则来把微观结构和宏观结构联系起来。这些规则的特征是：它们受话语的一系列命题（微观结构）所限定，它们的功能是减少或组织信息，也就是说，在某种特定的条件下减少或合并这些命题。宏观规则具有递归性，能够在越来越抽象化的层次上生成更多的宏观规则。对宏观规则的一般制约是：不能减去那些在话语中成为后来命题的预设的命题。这些规则有四条：

第一条：减少 (Deletion)

我们可以在一系列命题中减去那些只表示话语指称的附庸性的命题（一般来说，不影响对后面命题的理解），如：〈Mary played with a ball. The ball was blue.〉⇒〈Mary play with a ball.〉。球的颜色对了解后面的命题毫无影响。

第二条：概括 (Generalization)

我们可以在一系列命题中用一个能够定义微观命题的上义命题来代替这些命题，如：〈Mary played with a doll. Mary played with blocks, ...〉⇒〈Mary played with toys.〉

第三条：选择（Selection）

我们可以在一系列命题中略去那些已经为另一个命题所表示的关于事物正常状态、成分、结果的命题。如：〈I went to Paris. So, I went to the station, brought a ticket, took the train...〉 ⇒〈I went to Paris (by train).〉

第四条：建立（Construction）

如果一系列命题表示的是代替它们的宏观命题的正常状态、成分、结果，我们就可以用一个命题来代替后面接着出现的命题。如〈I went to the station, bought a ticket, ...〉 ⇒〈I traveled (to Paris) by train.〉

第三种倾向是提出各种综合型的语篇理解模型。例如 Schmidt（1978）提出语篇接受模型，认为接受语篇的人必须一开始就了解所看到的语篇属于什么类型，然后才能正确地理解语篇，这个过程涉及以下六个阶段：

（1）语篇的理解从心理/生理感知过程开始，但又受个人和社会因素的影响，这些因素决定了理解语篇的过程的复杂程度。

（2）这个感知过程依赖于"意义常量"准则：我们期望我们所听的（所读的）东西是有意义的，我们对输入消息的分析是为了和这个准则保持一致。我们分析所采取的途径和类别都是为了达到这个有意义的目标。

（3）接着而来的句法分析过程有两种特殊的形式：一是把赋予语篇的结构切分成更基本的单位；一是从句法上解除歧义，使这些单位组合成句法上联结起来的复杂体。

（4）把句法分析和语义分析结合起来，对句法分析的结构赋予概念结构。这个复杂的过程又涉及两个环节：（a）线性的内涵解释，它使解码人能够把输入和记忆中的语法结构、认知结构匹配起来，这就是同语篇（co-text）和语境（context）。（b）外延解释，它使解码人能够把作出内涵解释的结构和真实的或非真实的世界，即指称系统匹配起来。

（5）从内涵和外延解释过程中建立一个在某一时刻和读者有联系的语义结构或"世界"。

（6）可以对所解释的语篇结构的世界进行修饰和扩大，以达到更高程度的灵活性。

（5）和（6）这两个阶段主要是用 van Dijk 所说的宏观结构对信息进行简

约和系统化处理。按照他的理解，宏观结构是在理解过程中建立的，而且储存在记忆里，作为提取语义信息的提示。储存在记忆中的宏观结构并非一成不变，而是结合到所谓“事实与知识系统”里，所以任何信息过程的“理解”都有可能修饰储存在接受人的记忆中的整个概念结构系统。由此可见，Schmidt 的篇章接受模型一方面是 van Dijk 的理解模型的一个补充，另一方面它也吸收了 Petöfi 关于话语单位的内涵和外延的分析。

Hartmann（1963）力图把各家的话语分析理论熔于一炉。他继承了德国语言学的传统，并提出了比较类型学（contrastive typology），这具有重大的方法论意义。在他看来，比较是为了描写、解释（如印欧语研究）、诠译（如 Humboldt）、分析（如词源学）、概括（如普通语言学）。他提出的比较模型是：

表 3.3　Hartmann 的比较模型

描写：称为 A 的某物和称为 B 的某物是 / 所做的 / 一样的	
比较（中性的）：	A 和 B 相对应
比较（历史的）：	A 源于 / 成为 / 涉及 B A 是这样的，因为 / 如果 B 是这样的
分析和解释：	A 是系统地受制约于 B A 经过分析后表示出 B 的功能
评估（形式上的）：	A 的一般的结构要素相当于 B 所需的结构要求
评估（诠译的）：	A 和 B 都可表示为 X 的实现

我国学者胡壮麟（1994）的《语篇的衔接与连贯》对语篇研究的发展也进行了很好的介绍和分析，值得一阅。

3.7.1.2 话语分析的描写框架

话语的描写离不开语言特征的描写，上面已经谈到，因此这里无须重复。但是这只是第一步，要对话语进行描写还要进一步考察这些语言特征在不同情景中的作用。Crystal 等（1969）认为情景可以分解为各种情景制约维度（dimensions of situational constraints），每一个语言特征的作用必须根据这些维度来进行描写。例如甲特征和一个人来自什么地区有关，可以看成是地域差异维度的特征；乙特征和会话参加者的社会关系有关，可以看成是另一维度的特征——地位。

在进一步讨论这些情景制约维度之前，我们必须首先考虑一些在语体上中立的，即“共核”的话语特征。这些特征是所有话语共享的；也就是说，它们在情景制约方面的差异是随机的。例如一种语言中的音段语音在各种场合里都必须遵守语法和词汇型式规则。这并不是说这些特征是超语体的，它们也可作为表示语体的手段，但在使用频率的分布上应有显著的不同。例如一个篇章的所有语调单位都是由降调核构成的，这自然是一种语体特征。除了这些“共核”的特征以外，其他的特征都在某些方面受到情景制约，Crystal 等人认为，应该有八个方面，可分为三大类：

A. 个性（Individuality）
   方言（Dialect）
   时间（Time）

B. 话语（Discourse）
   (a)［简单 / 复杂］媒体（口头，书面）
   (b)［简单 / 复杂］参与（独白，会话）

C. 使用范围（Province）
   地位（Status）
   情态（Modality）
   独特性（Singularity）

A 类都是一些比较持久的、具有背景性的语言特征。文体学家不如普通语言学家和描写语言学家对 A 类特征的研究那么感兴趣，因为它们不大可能受到情景的影响而发生变异。这些特征不像下面其他特征那样容易为语言使用者所操纵。从 A 类的几个特征来看，我们可以根据语言和情景之间的关系来进行预测：如果我们已知某些非语言特征，我们马上就能预测出某些语言特征；或是根据语言特征也能预测出其他的非语言特征。例如从生理特点来看，我们可以根据发音特征来预测说话人是儿童还是成人；而从地理特点来看，我们可以根据一个人的方言来预测他是什么地方的人。文体学家觉得单了解这些背景性特征是不够的，必须在这些较明确的特征的基础上再进一步考察别的情景因素对话语的制约。

1. 个性。在不自觉的话语中，有某些特征——相对持久的口语和书面语的特征能够把某一个人和其他使用相同语言的人区别开来，这些具有个人特性的特征一般不会在短期内改变，例如一个人说话的音色和书写的字体，或他经常使用的词语。当然一个人也能为了某种目的有意识地使用另外一种声音或另外一种字体（例如在口技里模仿别人的声音），所以我们在这里强调的是无意识性。这种个人特性也有别于那些在文体中或别的语境中相对短暂，且通常是有意识的与个性有关的活动（在“独特性”下讨论）。

2. 方言。在这里指的是广义的方言：地理方言标志了说话人的地理来源的特征，阶级方言标志说话人的社会地位特征。这些特征一般比较持久，只有在特定的环境里或受到社会压力时，一个人才会改变其方言型式。不过这些特征的型式并非十分系统化的，只能说是一些倾向（如使用某些词汇或某些元音）。

3. 时间。在话语描写中的时间表示历时信息的特征。不管是把语言作为一个整体，还是把语言作为某些个人的语言习惯，这些信息对研究一种语言的历史都是十分重要的。语言的时间特征也是相当持久的。

B 类和话语有关，它的变异情况可以从媒体（口语和书面语），或从说话人的参与情况（独白和会话）的不同角度来研究。B 类的特征和上面讨论的特征不同，可以参照别的特征（如下面要谈到的情态）来考察其变异情况。换句话说，我们必须参照语言在使用时的基本特征来区别其差异：我们所关心的不是这些特征所提供的描写的信息，而是它们所提供的解释价值，对这些语言差异的考察更能说明某些变体的特征。例如在一篇书面语的语篇里出现一些通常只能在非正式的口语中出现的特征，或是在一篇口语材料里出现某些只见于书面语的结构，或是独白中出现的一些会话的特征。

1. 书面语和口语是两种不同的语言形式，但又有重叠的语言和非语言特征。无论从语体角度，还是从方法论角度，都值得研究。它们的差异首先是非语言的，与交际所采取的方式和材料有关——是在空气中传递的符号还是写在表层上的符号（当然还有其他的方式，如图画、音乐等）。这个区别对文体学家和普通语言学家都同等重要：口语需要在语音 / 音素层面上进行，而书面语需要在字符 / 字素层面上进行。两者涉及不同的描写框架。从情景角度看，两者不但有重要功能上的差别（口语较短暂，而书面语则较持久；口语表示某种个人的接触，而书面语则不同），而且两种变体在形式上缺乏完全对应。我们很难用传统的书写方法去写口语，以反映口语的各种差异（例如在书面语中只好省去各种超音段的信息，有些猥亵的话也不好写下来）。有些书面语要说出来，也只能破坏原来语篇的连贯性（例如要朗读一些没有标点符号的法律文件，就只好把它切分为一些在语篇中不存在的单位）。下表显示了口语和书面语的一些差异：

表 3.4　口语和书面语的差异

口语	书面语
1. 使用听说信道（语音表征）	1. 使用视觉信道（图形表征）
2. 短暂性	2. 半持久性
3. 接受的单向性	3. 接受的全方位性
4. 韵律性（音高、响度、音速、节奏、停顿）和伴随语言手段（面部表情、手势、姿势）	4. 图形手段（图表、标点符号、大写、图画、斜体、标记、画线）
5. 对话人在场（即时反馈）	5. 对话人不在场（通过词语与读者接触）
6. 较多的重复和羡余	6. 较少的重复和羡余
7. 多数为非正式	7. 多数为正式
8. 隐含性（与情景联系、歧义、句子不完整）	8. 明示性（在阅读中建立语境）
9. 题材的随机性，缺乏计划性	9. 完整性、连贯性、简练性、组织性

2. 从参与话语的角度看，有独白（不期望别人作出回应的话语）和会话（参加者轮流说话的话语）。有几个原因使我们把两者的差异和媒介的差异等量齐观：首先参与和媒介一样，是在较为一般的抽象的层面上实行的；其次参与和媒介有明确的相互关系：有口语体和书面语体的独白，也有口语体的会话（十分明显的）和书面语体的会话（如填表、交换书信）。第三是参与和媒介在功能上有很多相同之处，两者在使用上都有制约：我们不可能对听不到我们说话的人说话；在别人在场的情况下，我们一般不会说独白；一般我们不会给与我

们同在一个房间内的人写信。两者都可以有“移位”或“解释”的作用：例如把媒介作为一种达到目的的手段，而不是目的本身：口语本来是说出来给人听的，但我们可以说出来给人写（如听写）；书面语本来是写下来给人看的，但我们可以写下来给人说（如新闻广播）。这种现象可以称为复合媒介（complex medium）。同样，独白 / 会话的区别往往也可以“移位”，在独白中引进一段会话（如说书），或在会话中引进一段独白（如讲笑话）。

C 类包括使用范围、地位、情态和独特性。这些特征一般都是比较短暂的，可以进行转换。

1. 使用范围。我们所描写的语言特征可用来识别一段话语的变量是否和某一超语言的语境（如职业性或专业性的活动）有联系。使用范围的特征对说话人的社会地位和相互关系不一定能提供什么信息；但是不管参加者是谁，这些特征和他们所从事的任务的性质有关，会反复出现。例如语言使用者的职业身份（如律师、医生）对他们所说的和所写的会形成某些制约（或从正面说，提供一套供他们自由运用的语言形式）。使用范围和后面还要讨论的地位和情态一起成为任何语言变体的语体基础。我们通常把这些变体称为某某语言，如广告语言、会计语言、计算机语言、法律语言等，表示“用于某一范围的一套独特的语言特征”。根据其语言特征的性质差异，这个情景变量可以有不同程度的概括，我们可以说“广告语言”，也可以说“电视广告语言”，也可以说“洗衣粉电视广告语言”。

关于使用范围的概念，有三点值得注意：首先，使用范围特征和话语题材不能混为一谈。就词汇使用而言，题材只是范围的一个因素，只有在非常专门的情景里，才有预测力。其次，我们一般用“使用范围”的说法来说明会话，但是会话和其他的使用范围不同，传统的职业界限对它无大影响。从语言上看，会话可以跨越任何有限制的语言用途界限（如律师和医生在谈家常时的使用范围是一样的）。最后，使用范围的特征和其他特征（如地位）相比，并非需要优先考虑，只不过在描写话语时，比较容易从使用范围入手。

2. 地位。地位特征反映了和说话人（不管他们来自什么地区）所处的社会地位变化相适应的系统语言变化。地位特征的变化独立于使用范围特征的变化。“地位”的语义场是相当复杂的，它包括了人们在社会量表里的各个位置上进行接触所需要的方方面面的因素，如：正式、非正式、尊敬、有礼貌、服从、亲密、亲属关系、商业关系、一般的上下级关系等。在地位特征中可以明显地区别出一些领域，各种正式的和非正式的语言是最惹人注目的。Joos 提出五种程度不同的语体（僵化的、正式的、商量式的、随便的、亲密的），但是 Crystal 等人认为还不够成熟，因为尽管我们能够找到完全放进这五个范畴的例子，但是不能放进的例子要多得多。

3. 情态。情态在语体研究中并没有被系统地区别开来。情态指的是按照话语的特定目标而进行修正的语言特征。话语的目标不同，往往会令语言使用者专门采取某一种或某一套特征，最后产生一种可以贴上某种描写性标签的完整的、常规的口语或书面语的格式。情态独立于使用范围和地位，因为不管语言使用者的职业身份如何，他们的相互关系如何，我们都可以自由选择某种情态。例如在会话范围内，如果我们采取书面语形式（可称为"通讯"），那么视方式的不同（如信件、明信片、记录、电报、备忘录等）而有不同的语言情态的差别；在科技语言的范围内，如果我们要讨论一个题目用什么方式（如讲稿、报告、论文、专题文章、教科书）来写作，也会有不同的语言情态的差别。我们通常所说的体裁（genre）也可以从情态的角度来观察。从局部看，情态明显是一个形式对题材的适宜性的问题，但有时不能完全这么看，因为一些常规语言格式有继承性，例如很多法律文件中的信件形式。不过鉴于有时使用范围和情态的界限不太容易区分，所以还是有必要强调情态的独立性。例如我们把"体育实况广播"看成一个使用范围，实际上是把两个理论上的变量混为一谈了。从实况广播的角度看，这是一个使用范围；但是广播中的评述却是一种情态特征（区别于报纸报道、电台综述等）。情态特征可以跨越使用范围，例如我们可以有体育的实况广播，也可以有烹调的实况广播，甚至发射导弹的实况广播。

4. 独特性。有一些语言特征并非系统地存在于言语社区或群体当中，而仅见于某些个人，因此无法从上述几个方面来描写。一个人可能在其话语中显示某些偶然的、个人独特的语言特征，使某些传统变体产生特殊效应，例如一个作家在他的诗歌里使用了某些独创的语言。独特性和个性不同：前者是偶尔为之的、比较短暂的、可操纵的，通常是有意使用以创造特殊语言效应的；而后者是比较持久的、连续性的、不易操纵的特征。

根据上面的讨论，Crystal 等人认为可以把话语的描写框架归结为对 13 个子题目的回答。也就是说，除了要传递的消息外，话语还传递了一些什么信息？

1. 它有没有告诉我们什么样的人在使用话语？（个性）

2. 它有没有告诉我们他来自什么地方？（地区方言）

3. 它有没有告诉我们他属于什么社会阶层？（阶级方言）

4. 它有没有告诉我们他在语言的哪个发展阶段使用话语？他有多大年纪？（时间）

5. 它有没有告诉我们他是在说话还是在写作？（话语媒介）

6. 它有没有告诉我们他的说话或写作本身就是目的，还是达到目的的一种手段？（简单的，还是复杂的话语媒介）

7. 它有没有告诉我们话语中只有一个参加者，还是多于一个参加者？（话语参与）

8. 它有没有告诉我们所进行的独白和会话是独立的，还是作为更大的话语的一部分？（简单的，还是复杂的话语参与）

9. 它有没有告诉我们语言使用者是在从事什么特定的职业性的活动？（使用范围）

10. 它有没有告诉我们语言使用者和他的交谈者是一种什么样的社会关系？（地位）

11. 它有没有告诉我们他在传递消息时有什么目的？（情态）

12. 它有没有告诉我们语言使用者是在有意地表示一些个人的倾向？（独特性）

13. 它是否没有告诉我们上面的任何信息？（共核）

3.7.2 话语分析的定量研究

从某种意义上说，话语的描写和分析所涉及的语言特征都有一个量的关系。假定说，我们在选择英语的被动语态和主动语态时，宁愿说 Jane Austen wrote *Persuasion*，而不说 *Persuasion* was written by Jane Austin，这不存在什么语体（风格）的问题。但是如果在一段语篇里，被动语态反复出现，或者说被动语态的频率大大高于主动语态的频率，我们就有理由说这段语篇具有倾向于使用被动语态的特征。所以 Leech & Short（1981）说，“看来，文体学家成了统计学家。” Enkvist 等（1978）认为，语篇语言学和文体学在广义上覆盖的范围差不多；但从狭义上看，语篇语言学是研究句子相互关系的文体标记（style markers）的。文体标记指的是“任何语言特征，它在语篇内的密度显著地不同于它在语境相关的常模里的密度。所以如果某一特征只出现在某一语篇里，而不见于常模里，它就是一个文体标记；如果某一特征出现在常模里，而不见于在某一语篇里，它也是一个文体标记。如果某一相同的特征既出现在某一语篇里，又出现在常模里，只要它在语体内的密度和常模里的密度显著地不同，它也是一个文体标记。这就是为什么语言文体学经常变为一门定量科学的原因。”

3.7.2.1 统计学方法

将统计学方法用来研究语言即统计语言学（statistical linguistics），用来研究语言文体即文体统计学（stylo-statistics），它是在 20 世纪 50 年代问世的信息论的影响下出现的，而且很快就和文学评论中的新批评主义和具有悠久历史的版本学研究结合起来。当时的计算机使用还未十分普及，但这种研究方向已为日后的计算语言学奠定了基础。在这里，我们限于篇幅，不能详细介绍各种具体的统计学方法，而只能涉及一些基本的概念，读者如感兴趣，可参阅 Herden（1960，1964），Yule（1968），桂诗春（1991），冯志伟（1991）。

语言项目在篇章中的出现频率是语言学家都承认的一个重要的特征，Herden 指出，“言语社区成员不但在使用语音系统、词汇和语法系统方面，而且在使用特定的音素、词项和语法形式与结构的频率方面都十分相似。换句话说，相似的不仅是使用了什么，而且是使用了多少。” 频率必须根据一个总体来统计，具体地说，就是类型和标形的比率（type/token ratio）[1] 关系，所以

1 type 和 token 现在也有被译为“类符”和“形符”的，所以本书中的“类型 / 标形比率”（type/token ratio）也可以译为“类符 / 形符比率”。现仍然保留原书中的说法。

Herden 把他的数学语言学的教科书称为“类型—标形的数学”。最基本的方法是按照每个词项的出现频率来统计词汇的频率分布，并用这个方法来研究文体特征。这个方法在“作者考证”研究中被普遍来用。我们可以从两个方面来表示文体的定量特征：

1. 作为比较研究的基础，我们可以从词汇和出现频率（用词的数目来表示篇章长度）的关系，也可以单从词汇或单从出现频率的不同角度，来表示其特征。

例如从 20 世纪 40 年代开始就有人考察不同作者或不同语篇的类型和标形的关系，标形是一个篇章的全部的单词数，而类型是全部单词中的不同的单词数，例如在统计新闻英语时，一篇材料中有 44000 个标形，6000 个类型，那么类型 / 标形比率就是 0.136。这种比率的问题是：样本越大（即标形越多），比率就越小。因为篇章越长，重复使用的单词的可能性就越大。为了寻找一个独立于篇章长度的文体特征标志，Herden 建议使用类型 / 标形的对数比率，即先把类型数和标形数作对数转换，然后再求其比率。他使用这个方法来研究希腊原文《新约》中的“使徒书”中三封有争议的书信是否出自使徒保罗的手笔，发现保罗的其他书信的平均类型 / 标形对数比率为 0.8113，而这三封书信的比率分别为 0.8540，0.8605，0.8794，因而断定非保罗所为。他用同样的方法研究《新约》中圣约翰的书信和启示录，发现两者的比率很接近，和整本《新约》的比率不同，因而证实了使徒书和启示录出自同一人的假设。Herden 认为这种简单的方法虽然受到一些语言学家的怀疑，但却有两点价值：

（1）它可以用定量的方法来代替模糊的趋势的概念，而且说明文字的相对增长率和有机体的增长率是一致的。对数比率不但可以表示一个篇章的各个部分的特征，而且也可以表示同质性的各个篇章的特征；这也就是说，只要“环境”的条件一样，类型 / 标形的对数比率就是一个常数。

（2）它在比较文体的相同性或差异性方面有实用价值。

Yule 所提出的 K 特征（Characteristic K）也是出于同一目的：企图寻找一个不受样本数影响的、表示类型和标形关系的统计量。但是对这个统计量却有不同解释，Yule 自己认为这是一个词汇分布的统计常量，说明词汇的集中程度。但 Williams（1946）把它看作一个表示差异程度的统计量，Good（1953）认为它表示的是词的重复率，即在一个篇章中随机选择的词会不会是同一本字典里的词的概率。Herden 认为它不仅是一个文体统计的参数，而且还可以用来标志语言发展的某个阶段的词汇和它的出现率之间的关系，即概括“语言和言语”的关系。

Yule 所给的 K 特征的公式是：

$$K = \frac{S_2 - N}{N^2} \tag{3.1}$$

$$K = \sum_{1}^{s} r n_r$$

$$S_2 = \sum_{1}^{s} r^2 n_r$$

在公式里，r 与 n_r 分别为词出现率和词汇的频率。Yule 还主张把 K 乘以 1000，以避免过多的小数。让我们看一个应用 K 特征来研究文体的具体的例子：英国散文家 Macaulay 于 1825—1842 年间在《爱丁堡评论》上发表了一连串的论说文，Yule 从中选了他讨论 Milton（1825）、Hampden（1831）、Frederic the Great（1842）、Bacon（1837）等的几篇文章进行统计（代号分别为 A，B，C，D）。D 采用了交叉选样，然后取其平均数的办法，其他文章则整篇计算：

表 3.5　Yule 对 Macaulay 几篇文章的词频统计

词出现率（r）	词汇频率（n_r）			词出现率（r）	词汇频率（n_r）		
	A	B	C		A	B	C
1	851	721	865	9	10	12	16
2	305	233	260	10	6	15	13
3	128	117	150	11	9	5	4
4	73	77	75	12	12	7	6
5	38	34	50	13	4	6	3
6	36	25	35	14	1	4	4
7	20	19	19	15	5	3	6
8	13	20	19	16	3	3	3

（待续）

（续表）

词出现率（r）	词汇频率（n_r）			词出现率（r）	词汇频率（n_r）		
	A	B	C		A	B	C
17	5	1	1	34	0	0	1
18	3	4	2	36	0	1	0
19	3	2	0	37	1	0	0
20	2	1	2	39	0	2	1
21	0	2	0	44	0	0	1
22	1	2	1	47	0	1	0
23	1	0	0	56	0	1	0
24	1	2	0	63	0	0	1
25	0	1	0	64	0	1	0
26	1	1	1	68	1	0	0
27	1	1	1	73	0	1	0
28	0	1	1	83	0	1	0
29	0	3	1	87	0	0	1
30	2	0	0	93	0	1	0
31	1	2	0				
33	0	0	2	总计	1573	1333	1545

按照所列公式 $N=\sum rn_r$，以 A 为例，$N=1\times851+2\times305+3\times128+\cdots+93\times0=3923$；$S_2=\sum r^2nr$，故 $S^2=1^2\times851+2^2\times305+3^2\times128+\cdots+93^2\times0=31489$；而 K 乘以 10000 后等于 17.91。

以下是统计结果：

表 3.6　表 3.5 的统计结果

1	2	3	4	5	6	7	8	9	10
文章	单词数	N	S_2	平均数	1000 x 单词数 /N	方差	均方差	出现一次的单词 (%)	K 平均数
A	1,537	3,923	31,489	2.55	392	13.93	3.74	55.4	17.91
B	1,333	4,149	62,839	3.11	321	27.45	6.12	54.1	34.09
C	1,545	4,061	40,045	2.63	380	19.01	4.36	56.0	21.82
D	1,413	4,022	48,274	2.85	351	26.04	5.10	54.4	27.33

Yule 认为 A 和 B 的 K 值代表了 4 篇文章的两个极端，A 的 K 值最低，而使用的词最多（见第五栏的平均数，平均数越小表示重复率越小）。原来这篇文章是 Macaulay 大学毕业后不久写的，他自己在文集前的序言也承认，“论 Milton 的文章是作者刚离开大学时写的，其中没有哪一段话是作者成熟判断力所赞同的，它充满了华而不实的、庸俗的装饰。”如果把这 4 篇文章和其他作家的文章比较，则 K 值还是比较低的：

Macaulay A	17.9
B	34.1
C	21.8
D	27.3
Gerson	35.9
Thomas à Kempis	59.7
Imitatio	84.2
St. John: Basic	141.5
St. John: Basic	141.5
St. John: A.V., all	161.5
St. John: A.V., selected	177.9

Yule 再进一步考察 A，B，C 中使用频率超过 40 次的名词，就发现它们有很大的不同：

表 3.7　几个不同文本用词的频率的差异

A. Milton		B. Hampden		C. Frederic	
频率	词	频率	词	频率	词
20	feeling: king	20	country	20	country: troop
22	power	21	act: nation	22	life
23	liberty	22	court: opposition	26	battle
24	people	24	part: power	27	day
26	work	25	government	28	power
27	time	26	day	29	part
30	mind: poetry	27	liberty	33	prince: year
31	character	28	place	34	time
37	poet	29	law: person: war	39	war
68	man	31	army: party	44	army
		36	year	63	man
		39	member: people	87	king
		47	commons		
		56	time		
		64	house		
		73	man		
		83	parliament		
		93	king		

在讨论 Milton 的文章里，真正的高频词只有 man（68），然后是 poet（37）character（31）和 poetry（30），都与文学讨论有关；政治性词汇如 king， power，liberty，people，居于最末位。与此相反，政治性词汇居于B的首位，而且频率甚高，所以重复率远远高于A。Yule还用同样的方法研究了Bunyan的文体，并从各个方面进行比较。

2. 从词汇在一个整体各个部分的分布或从某些词项出现的概率来表示其特征。例如Mosteller & Wallace（1964，1985）在考证12篇匿名为“联邦主义者”所作的文章究竟是出自政治家Hamilton还是出自美国第四任总统Madison的手笔时，就采取了这种方法。这两位作者都是政论家，而且有很多相似之处，例如统计显示，他们所写的没有争议的文章中，句子的平均词长分别为34.5和34.6。但两人在使用while还是使用whilst方面有所不同：在14篇公认是Madison所写的联邦主义者的文章里，while一次都没有出现过，而whilst却出现过8次；而在Hamilton所写的48篇文章中，while出现过15次，whilst却一次都没有出现过。Mosteller等便决定使用一些标记词来加以比较：例如在名词方面，他们选了commonly，innovation，war；在虚词方面他们选了by，from，upon等。以upon为例：

表3.8　upon在Hamilton、Madison的文章和其他有争议文章的出现率

在1000词中的出现率	Hamilton的文章	Madison的文章	有争议的文章
0		41	11
0—0.4		2	
0.4—0.8		4	
0.8—1.2	2	1	1
1.2—1.6	3	2	
1.6—2.0	6		
2.0—3.0	11		
3.0—4.0	11		
4.0—5.0	10		
5.0—6.0	3		
6.0—7.0	1		
7.0—8.0	1		
总计	48	50	12

两人使用 upon 的趋势差异较大：在调查的 Madison 所写的 50 篇文章里，有 41 篇中一个 upon 都没有用，其余使用最多的两篇的出现率也仅在 1.2—1.6 之间；而 Hamilton 则不同，upon 在 48 篇文章里都有使用，它在 32 篇文章中的出现率在 2.0—5.0 之间。而 upon 在有争议的 12 篇文章里的使用情况和 Madison 的相同。因此 Mosteller 的结论是除了一篇编号为 55 的文章外，其余 11 篇均为 Madison 所写，可能性为 80 比 1，即 98.8%。

这种方法在计算机的支持下得到迅速发展，如苏联的学者 Kjetsa 对肖洛霍夫《静静的顿河》的研究确认肖洛霍夫是真正的作者，后来又发现了小说的两篇原稿，经鉴定也属肖洛霍夫手笔（见冯志伟，1991）。

英国的 Smith 不但使用了计算机，而且还使用更为复杂的统计方法来研究文体。他提出了和文学批评中的形式主义和结构主义（新批评主义）相一致的计算机批评主义（computer criticism），而且认为计算机批评主义的不同之处在于要求在更多层次上建立形式化的规则，这些层次是根据各种特定的批评要求而任意制订的，因而能观察范围更广的篇章特征。从形式上看，一篇作品不但有范畴，而且这些范畴还有序列，即有历时关系。针对这些关系可以采取一些先进的统计手段，如因素分析中的主要成分分析法、时间序列法（傅立叶分析法）来进行分析。他对 Joyce 的《一个作为年轻人的艺术家画像》的

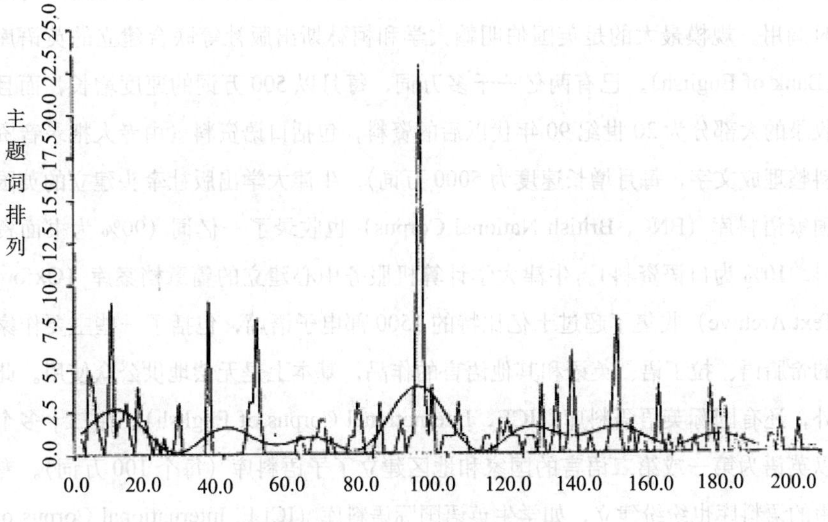

图 3.3　第一章主题的展开

第一章进行了主题分析，认为这个主题是围绕火与水两个概念展开的。他把与火和水有关的词找出来：如 burn，burned，burning，fire，heat，hot 和 water，damp，watery，wet 等，然后把整章分为以 500 个词为单位的小段，再分别统计这两组词的分布，就能看出主题的开展情况（见图 3.3）。

3.7.2.2 语料库方法

20 世纪 60 年代以来，随着计算机的普及，出现了很多英语语篇的机读语料库（machine-readable corpora），使话语的分析和研究跃进了一大步。最早建立的是 Brown 语料库（1961），称为《布朗大学现代美国英语标准语料库》，当时的语言学潮流是反对使用语料库作为语言研究的数据库的，但是以磁带形式发行的这个语料库在几年内就卖出了 160 多套，购置的单位发现语料库不但对语言学，而且对教育学、心理学、哲学、文体学和技术研究都很有用。1970 年英国兰卡斯特大学开始建立一个与布朗大学语料库相平行的英国英语语料库，并在挪威奥斯陆大学和卑尔根的挪威人文科学计算机中心的帮助下，终于 1978 年建成，称为 LOB 语料库。和 Brown 语料库一样，LOB 语料库也是以磁带的形式发行。随着计算机的普及，各种语言的语料库日益增多，而且收录的语料以惊人的速度增长，现在语料库已进入互联网，上网的用户可随时调用。规模最大的是英国伯明翰大学和柯林斯出版社等联合建立的英语库（Bank of English），已有两亿一千多万词，每月以 500 万词的速度增长，而且收录的大部分为 20 世纪 90 年代以后的资料，包括口语资料（由专人把录音资料整理成文字，每月增长速度为 5000 万词）。牛津大学出版社牵头建立的英国国家语料库（BNC，British National Corpus）也收录了一亿词（90% 为书面资料，10% 为口语资料）。牛津大学计算机服务中心建立的篇章档案库（Oxford Text Archive）收集了超过十亿比特的 1500 部电子语篇，包括了一些主要作家的希腊语、拉丁语、英语和其他语言的作品，基本上是无偿地供公众使用。此外，还有国际英语语料库（ICE，International Corpus of English），在二十多个以英语为第一或第二语言的国家和地区建立了子语料库（每个 100 万词）。专用的语料库也纷纷建立，如学生英语国际语料库（ICLE, International Corpus of

Learner English），在创建初期准备收集9种不同语言背景的英语学生的语料，约100万词。Quirk的英语用法调查语料库（SEU，Survey of English Usage Corpus）有100万词的语料，泰晤士报语料库（TST，Times and Sunday Times Corpus）有3300万词，印度英语语料库（Kolhapur Corpus of Indian English）有100万词，Leuven戏剧语料库收录了100万英国戏剧语篇资料，IBM在美国的Watson研究中心使用了6000万的语料来研究言语识别。Mark Davies在杨百翰大学建立了最庞大的现代美国英语语料库（155亿词），并在网上提供服务[1]。他还建立了NOW（News of the Web），有3亿词，每天都输入400万词。上海交通大学建立了100万词的科技英语语料库，香港科技大学和广州外国语学院联合建立了100万词的计算机英语语料库。在汉语方面，我国的陈鹤琴在20世纪20年代就开始进行汉字的词频调查；1974年的“748工程”从2000多万个字中统计出不同的汉字6347个，编成《汉字频度表》；1986年北京语言学院（现北京语言大学）根据对200万个字进行的统计，编成《现代汉语频率词典》；1985年北京航空学院（现北京航空航天大学）和国家语委使用计算机从1000多万字的语料中编制了《现代汉语常用字表》（陈原，1989；冯志伟，1991）。不过这些调查虽然抽样面广，有的也使用了计算机，但主要是为了统计词频，而不是为了建立供研究汉语文体用的语料库，这是比较可惜的。

1. 采样。建立语料库首先要解决的问题是采样。最基本的方法是分层随机抽样，即首先按照语料分布确定抽样的范围，然后再从每个范围里随机抽取样本。样本越小，就越要讲究抽样的代表性。以较早建立的Brown和LOB两个语料库为例，为了更好地比较美国英语和英国英语，这两个语料库的格式是一致的，各有100万词的语料，从15个领域中抽选了500篇语料，每篇有2000个标形。它们的分布见表3.9。

新建的英语库采样更为广泛，包括美国英语及其各种文体，各种小说与非小说的书籍、报章和杂志、个人信件、广告和宣传品等。光口语资料就有300万词。因为样本较大，也就没有那么讲究随机性。

2. 数据输入。基本上有四个途径：一个是电子资料，计算机在20世纪90

1 可查看 http://corpus.byu.edu/coca 或 http://corpus.byu.edu/now，该网站还有很多其他语料库供选择。

年代以后的大量普及使很多作家都在计算机上使用文字编辑器来写作，写下来的就是现成的电子资料，可直接进入语料库。牛津大学出版社在英语库建立中负责提供书面资料，实际上都是作家的电子原稿；第二个是使用扫描仪，一些较先进的光学字母阅读软件（optical character reader）准确率越来越高（一般都超过 90%），而且还有一些防错和纠错的功能，大大提高了资料进库的速度；第三个是键盘输入，主要是一些口语资料，需要有专人把它变成文字，然后在键盘上输入。第四是通过编制好的程序直接从网上下载。

3. 数据的整理和分析。语料库一般用来进行词频排列，可以以词为单位排列词频，也可以以词频为单位排列词，还可以分不同的领域来分别统计和比较。但是任何一个语料库都体现为类型和标形的关系，究竟它们是一个什么关系？也就是说，词频分布有些什么规律可循？这是我们首先要探讨的问题。

表 3.9 Brown 与 LOB 两个语料库的抽样范围和数目

	篇章范畴（文体类型）	篇章数目	
		Brown	LOB
A	新闻：报道	44	44
B	新闻：社论	27	27
C	新闻：评论	17	17
D	宗教	17	17
E	技能和爱好	36	38
F	民间传说	48	44
G	纯文学，传记，回忆录等	75	77
H	杂项（主要是政府文件）	30	30
J	学术性（包括科学技术）	80	80
K	一般性小说	29	29
L	神秘性小说和侦探小说	24	24
M	科学小说	6	6
N	冒险和西部小说	29	29
P	浪漫和爱情故事	29	29
R	幽默	9	9
总计		500	500

（1）较早考察这种关系的是 Zift（1935），他认为，如按频率递减的顺序排列，越排在前面的词频率越大。如果把频率和顺序转化为对数作图，则它们的

关系是一条从左上角到右下角的对角直线，用数学公式表示就是：

$$P_r = 1/(10r) \quad (3.2)$$

r 是顺序，P_r 是顺序的相对频率，所以排在第一位为 0.10，第二位为 0.05，第三位为 0.033，等等。rP_r 是一个常数：0.1。但是很多实际统计的结果显示词的频率和它的排列位置不完全是直线的，特别是开始的几个词和后面的一些词的递减程度没有那么大。因此不少人对 Zift 定律提出异议，Mendelbrot（1965）主张把这条线修正为开始时略平，然后逐步往下垂的曲线。Herden（1960）提出了对数正态模型（lognormal model），也就是说，如果用对数来表示频率，那么一个语料库中词汇的分布是正态的。Carroll（1971）用对数正态模型观察了 Brown 和 AHI（American Heritage Intermediate Corpus）两个语料库，认为它比 Zift 定律要好。

我们可以先看 Herden 所提供的一个简单的例子：他根据 Bell 电话公司的 8 万词的电话会话，统计出在 76054 个标形中有 738 个词项，然后再统计这些词汇的字母数和音素数。在下表中，pi 为单词所有的 i 单位的百分比，而 xi 为单词的平均频率。

表 3.10　738 个词项按字母和音素数的频数表

每个词所有的 i 单位	字母				音素			
	词汇		出现率		词汇		出现率	
	pi	$\sum_{pi}$	piXi	$\sum_{piXi}$	pi	$\sum_{pi}$	pixi	$\sum_{pixi}$
1	0.3	0.3	8.0	8.0	0.4	0.4	8.0	8.0
2	3.2	3.5	20.9	28.9	8.1	8.5	36.8	44.8
3	9.8	13.3	25.2	54.1	30.8	39.23	35.0	79.8
4	26.5	39.8	26.2	80.3	23.4	62.7	11.4	91.2
5	19.1	58.9	9.45	89.8	14.6	77.3	4.4	95.7
6	15.6	74.5	4.36	94.1	8.0	85.3	1.6	97.2
7	10.0	84.5	2.5	96.6	6.0	91.3	1.3	98.5
8	6.1	90.6	1.87	98.5	4.5	95.8	0.8	99.3
9	4.2	94.8	0.8	99.3	2.7	98.4	0.5	99.8

（待续）

（续表）

每个词所有的i单位	字母				音素			
	词汇		出现率		词汇		出现率	
	pi	$\sum_{pi}$	piXi	$\sum_{piXi}$	pi	$\sum_{pi}$	pixi	$\sum_{pixi}$
10	2.6	97.4	0.46	99.8	1.1	99.5	0.08	99.96
11	1.9	99.3	0.25	99.95	0.14	99.7	0.01	99.98
12	0.4	99.7	0.03	99.99	0.27	100	0.02	100
13	0.2	100	0.01	100	—	—	—	—
$\log_{10}i$ 的平均	0.703		0.494		0.608		0.414	
$\log_{10}i$ 的均方差	0.168		0.218		0.189		0.187	

如果把这些分布作在横坐标为对数量表、纵坐标为高斯积分的概率纸上，就可以看到几条基本上是平行的直线，说明分布是对数正态的（如图3.4）。

Herden 由此归纳出一条公式：

$$\mu_j = \mu + 2.3026j\sigma^2 \tag{3.3}$$

μ_j 表示动差（moment），标形的分布是类型分布的1级动差分布，所以它和类型分布的距离就表示为 σ^2，例如他观察了《新约全书》和 Macaulay 讨论 Bacon 的文章，其结果见表3.11。

表3.11 《新约全书》和 Macaulay 的文章的类型和标形统计

	对数平均（以10为底边）	标形和类型之差	对数均方差（以10为底边）	平均均方差	$2.3026\sigma^2$
《新约全书》					
类型	0.2553	1.7447	0.8587	0.8800	1.783
标形	2.0000		0.9031		
评论 Bacon 文章					
类型	0.1461	0.7290	0.5863	0.5910	0.80
标形	0.8751		0.5963		

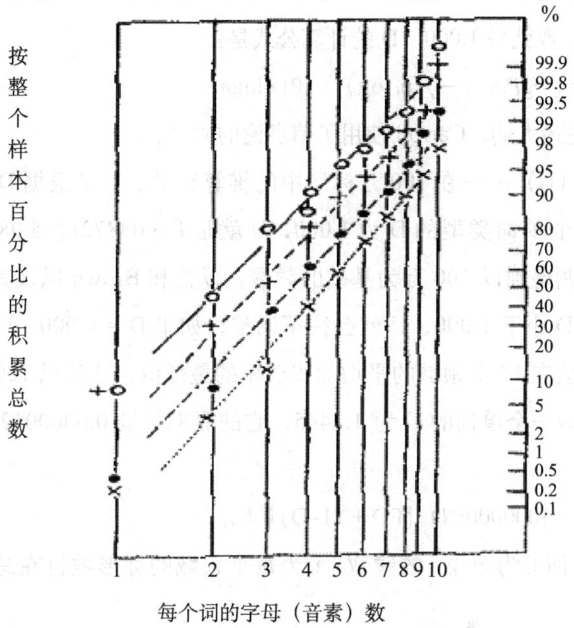

图 3.4　类型分布与标形分布

由此可见，类型的对数平均加上 $2.3026j\sigma^2$ 便是标形的对数平均，故 μ_j 又是标形的理论分布。应该指出的是 j 不是永远都是 1 级的，以上述的字母和音素统计为例，调查的是词的长度，Herden 经过计算，确定为 –2.4 级，然后再计算其理论分布，它和实际的调查几乎是一致的。

（2）除了分布模型外，对语料库的分析和统计通常还采取了一些统计量，如频数、散布系数、使用度等，我国的语料库统计通常采取 Juilland 和 Chang-Rodisiguez 在计算西班牙文词汇频率时所提出的公式（见孙建一，1989），Carroll 等在 AHI 语料库的统计和分析中，又提出标准词频指数（SFI，Standard Frequency Index），下面着重介绍他们所使用的公式：

频数（F）——单词在整个语料库中出现的数目，AHI 共收集了 5088721 个标形，在 20 世纪 70 年代初期，算是比较大的英语语料库。

散布系数（D）——这个系数在 0.000 到 1.000 之间，用作统计单词在不同题材的样本中的散布率。AHI 共有 17 个领域，如果一个单词只集中出现在一个领域，那么这个单词的散布系数就是 0.000，如果在 17 个领域中都出现，那么它的散布系数就是 1.000。D 的计算公式是：

$$D = [\log P + (-\sum p_i \log p_i) / P] / \log n \tag{3.4}$$

$-\sum p_i \log p_i$ 是最大熵，Carroll 使用了信息论的原理。

使用度（U）——在 100 万标形中的推算频数。U 是根据 D 来调整的频数，如果一个单词类型的 D 为 1.000，U 就是 F/5.088721。5.088721 是一个把实际频数调整到以 100 万为基础的频数，以便和 Brown 以及其他语料库相比较。如果 D 小于 1.000，U 就会往下调整。如果 D = 0.000，U 就会取得一个反映该类型在 17 个领域的平均加权概率的最低值。U 除以 100 万就是相应的概率，例如一个单词的 U 为 1.2445，它的概率就是 0.0000012445。U 的计算公式是：

$$U = (1000000/N)\ [FD + (1-D)]\ f_{min} \tag{3.5}$$

f_{min} 为$\sum f_i t_i$，而 f_i 为单位 i 的频数，t_i 为每个领域的标形数目在总标形数中的比例。

标准频率指数（SFI）——它是 U 的对数转换，其公式是：

$$SFI = 10\ (\log_{10} U + 4) \tag{3.6}$$

如一个单词的 SFI 为 90，这就意味着它在 10 个标形中会出现一次，80 为 10^2（100），70 为 10^3（1000），60 为 10^4（10000），依此类推。下面举几个例子：

表 3.12 AHI 的统计指标举隅

单词类型	F	D	U	SFI
the	373123	0.9969	73122.8	88.6
representative	53	0.8228	8.7265	49.4
instrumental	53	0.2012	2.4799	43.9
thankfully	1	0.0000	0.0022	13.5

the 是频数最高的，在全部标形中的出现率为 373123/5088721=0.073，representative 和 instrumental 的频数是一样的，但 instrumental 的 D 低于 representative 的，因为前者出现在 13 个领域中，而后者只出现在 4 个领域中，而且光是在音乐

书中就出现43次，故U也随着降低。thankfully只出现一次，故U甚低。SFI是反映这些单词的综合指数，实际上是反映以100万为基础的理论频数。the接近90，即10个表形中差不多有1次，而representative接近50，即10000个表形中差不多有一次。其他以此类推。

（3）逐词索引（concordancer）。作为一种研究手段，我们必须建立一种快速而又方便的语料检索程序，这虽然不是语料库本身固有的，但却是设计语料库时所必须考虑的问题。目前所编制的计算机程序，除了生成各种词频表和给出各种统计量外，一般都有逐词索引的程序，有的程序甚至可以规定一定环境来逐词索引，例如把有搭配关系的词组（如look up，look...up）进行检索。下面是使用Longman的逐词索引程序检索in的部分结果：

表 3.13　Concordance for “in” (96 lines)

Text: NEWS.TXT	
15 e of American hostages from Iran	in 1979—80, stepped in at the personal
15 ges from Iran in 1979—80, stepped	in at the personal request of Mr Bush a
20 now believe that a breakthrough	in the hostage crisis is possible, becau
21 Hashemi Rafsanjani has been sworn	in as president of Iran. \ \ Al—Khale
33 ni is a rational man who believed	in dialogue. Under his rule Iran will c
34 s rule Iran will change its style	in dealing with the West.“ \ * At lea
37 people were killed and 82 wounded	in vicious, all-night shelling between
39 ho targeted residential districts	in and around Beirut, police reported t
49 MAURICE Colbourne—Tom Howard	in the top TV soap series “Howards’ Wa”
56 Colbourne 49, collapsed and died	in his wife’s arms at their holiday hi
58 arms at their holiday hideaway	in France, just hours after a sailing t
65 s Jan Harvey, who plays his wife	in the series, said on behalf of the ca
91 psed with chest pains. She tried	in vain to save him, said his agent, S
100 newest series due to be screened	in the autumn. \Shocked \ “Howa”

其中，上下文的长度是可以定义的，而且用户可以随时把某一行的全部上下文都检索出来。

（4）语法标记（grammatical tagging）。语料库汇集了大量语料，但是这些语料都是未经加工的原始资料。要利用这些资料来进一步研究，如识别语篇、制作语法分析器、进行机器翻译等，就必须对语料作语法标记，即标出每个词所属的词类。进行语法标记有两种方法：一种是以知识为基础的方法，即人工智能的方法，这种方法假定计算机要处理自然语言，就必须具有广泛的知识和逻辑推理的能力，即在知识的基础上进行推理。这是因为人类处理语言时的心理过程就是这样的，计算机就必须具有和人类知识相同的知识才能处理语言。另一种方法是以语料库为基础的方法，即概率的方法。这种方法并不认为计算机能够像人那样去解释语言，但是却认为人类处理语言时所采取的方法更像这种方法，而不像正统的人工智能的方法。它的假定是，如果我们对数量很大的语言数据作定量分析，我们就能进行概率性的预测，这就可以补偿计算机缺乏知识和推理能力的缺点。概率的方法也有其自身的缺点，它不能做到100%正确，而且它和一些流行的语言学观点相违背，例如Chomsky（1957）就指出，“一个人产生和辨认语法话语的能力并非建筑在统计逼近等概念的基础上的。”但是英国语言学家Leech，Sampson，Garside等使用概率的方法作语法标记取得了很大的成功。

他们编制了一个名为CLAWS（Constituent-Likelihood Automatic Word-tagging System）的程序，对LOB语料库的100万词进行标记，准确率达96%—97%。现在第二代系统CLAWS2也已完成，可进一步提高准确率。这个系统有五个步骤：

（a）预编辑阶段。用半自动、半人工的方法为标记系统准备语篇。

（b）标记赋值阶段。对输入语篇的每一个词都赋予一个或多个标记。这个阶段的赋值并不考虑语境，因此所赋予的是一套在各种语境中都可能出现的标记。

（c）熟语赋值阶段。程序需要寻找一些特定的单词或标记型式，在这些型式里，有限的语境可以缩小可能赋予一个单词的标记的范围。

（d）确立标记阶段。程序考察一个单词被赋予不同标记的各种情况，通过语境来确定一个标记，并且估计特定标记序列的概率。

（e）后编辑阶段。人工处理计算机的错误标记，并重新格式化，以减少标记系统所产生的一些无关重要的信息。

在整个过程中，最关键的步骤是使用概率方法来选择标记。Marshall（1987）举了一个例子，假定我们要对Henry likes stews这句话进行标记。Henry是一个名词短语（NP），我们可以提出两条语境框架规则来处理这个句子：

? VBZ —— not NNS

NNS ? ——not VBZ

“？”表示要进行标记的词。第一条规则是在动词第三人称单数现在时前的不可能是动词复数。第二条规则是在名词复数后的不可能是动词第三人称单数现在时。但是 likes 和 stews 两个词都可以是动词第三人称单数现在时（VBZ）和名词复数（NNS），这两条规则就无法解决这个问题。

CLAWS 使用的是另一种方法，它根据已经作了标记的 Brown 语料库，对一起出现的标记作统计分析，整理出一个 133 × 133 的过渡矩阵（transition matrix）[1]，标出 133 种标记中的每一种标记在后一种标记中出现的概率。再以此为基础找出概率最大的搭配，例如：

Henry　NP
likes　NNS VBZ
stews　NNS VBZ

就有

1 val（NP—NNS—NNZ—.）= 17 × 5 × 135 = 11475

2 val（NP—NNS—VBZ—.）= 17 × 1 × 37 = 629

3 val（NP—VBZ—NNS—.）= 7 × 28 × 135 = 16460

4 val（N—VBZ—VBZ—.）= 7 × 0 × 37 = 0

决定其概率的公式为：

$$\text{prob}\ (x_i) = \frac{\text{val}\ (X_i)}{\sum_{i=1}^{s} \text{val}\ (X_i)} \tag{3.7}$$

概率最高的是第三种搭配 26460/（11475+629+26460+0）= 69%，故程序确定这三个词的标记为名词 + 动词第三人称单数现在时 + 名词复数。

应该指出的是，概率方法的提出者并不认为这种方法可以取代人工智能，而是认为这两种方法都应得到支持。这是因为人们在使用语言的时候，既依赖规则，又依赖策略（桂诗春，1995），人工智能的方法基本上依赖规则，而概

1 表示过渡概率的矩阵，过渡概率是在前一个单位的条件下后一个单位出现的概率，例如在英语里，在 q 后面出现 u 的过渡概率是非常高的。

率的方法基本上依赖策略，把这两种方法结合起来，才能解决自然语言处理的问题。就目前的情况而言，人工智能的方法适合于一些要求较精确的，而范围较小的语言处理，例如某些类型的机器翻译，自然语言的前期处理（如数据库中的问答系统）；而概率的方法适合于其目的在于使计算机系统接受某一自然语言的任何输入的人机接口，如言语识别（对口语进行解码）、语篇转换为言语的系统（将书面文字转换为口语）、光学字母阅读（将印刷和手写的语篇读入计算机）、语篇批评（从正确率和语体接受性方面评估机读语篇）等。

4. 语料库的使用。语料库的建立为各种语言研究和语言工程提供了很大的方便。

（1）辞典编纂学进入了一个新阶段，语料库在收集例句方面取代了人工操作，使一些辞典出现了新貌。在英国，第二版牛津英语大辞典不但利用语料库增加了大量例句，而且使用了语法标记来帮助整理词头、发音、变体、引文、引文时间和交叉检索。它从 20 世纪 80 年代开始就通过数据库来收集引文，每年增加 12 万条。最后还出版了电子版牛津英语大辞典。Collins 的 Cobuild 英语辞典是在 2000 万词条的现代英语语料库的基础上编辑的，从选词、释义、举例等方面都利用了语料库所提供的资料。Longman 的科学用语辞典根据自己建立的数据库把基本的科学用语按概念组织编排成自成一格的同义辞典。作为辞典编纂未来方向的在线辞典编纂（on-line dictionary editing）也吸引了人们的注意，所谓在线编辑，实际上就是通过直接提取计算机文件资料，在计算机屏幕前编辑辞典。加拿大多伦多大学在编辑《古英语辞典》（*Dictionary of Old English*）时就利用了这个办法。

（2）基本词汇表的编制，例如我国的《现代汉语常用字表》通过统计大量资料，最后得出 3500 个汉字，其中最常用的有 2500 字，次常用的有 1000 字。为了计算机之间进行信息交换的汉字交换码也是在参考了静态和动态的资料基础上定出，《信息交换用汉字编码字符集・基本集》收汉字 6763 个，第一级汉字有 3755 个，第二级有 3008 个。我国大学英语教学大纲规定，基础阶段结束后，学生应掌握词汇量为 3800—4000 词，也是根据上海交通大学所做的 100 万字科技英语语料库，参考学生结束学习的抽样调查数据和对历届毕业生的社会需要调查而最后定出的。其他的外语词汇表虽然不是直接根据某一个语料库的资料来制定的，但也参考了语料库的常用词词频排列。Coxhead（2000）根据语料库资料编成大学词表，这是促进大学学习的一个常用词表，总共有 750 个根词。

(3) 大大促进了机器翻译和自然语言处理的发展，特别是人工智能方法和概率方法的结合，展示了广阔的前景。Sampson（1987）进一步提出用概率的方法来建立语法分析器。人工智能型的计算机语言 Prolog 和专门处理字符串的计算机语言 SNOBOL，SPITBOL 等也走向成熟，处理语言的功能越来越强大。

(4) 为计算机在人文科学的应用开拓了道路，使语篇和语体的定量研究更为精确可靠。以北美为基地的计算机与人文科学学会（ACH，Association for Computers and Humanities）已有 17 年历史，出版有双月刊《计算机与人文科学》，它与欧洲的文学和语言学计算机学会（ALLC，Association for Literary and Linguistic Computing）合作，每年轮流在北美和欧洲召开国际大会来交流信息。研究的范围从各种语体和作家风格延伸到“造的不好的”（ill-formed）语篇和有错误的语篇（如学生英语）。由于采取了计算机进行统计，对语篇的观察更为精细，包括词长、句长、作家爱用的词项和语法结构、语法类型（如名词 / 动词比例、动词 / 形容词比例）等。Farringdon（1987）使用语料统计方法证明了《查尔斯十二世战争史》的译者为英国 18 世纪文豪 Fielding，这项研究就是一个很好的说明。长期以来，人们一直怀疑 Fielding 是这本书的匿名译者，并且也发现了一些根据，例如 Fielding 在自己的作品中爱用的 hath，doth，durst 等词也见于这本译著。但是，这种观察并非定量的。Farringdon 用抽样的方法建立一个包括了 Fielding 两本小说和七篇论著的语料库，另外又输入六本跟 Fielding 同时代的作者的著作和《查尔斯十二世战争史》，然后对 Fielding 常用的短语、连接性短语、句子开始的短语、单词、句型进行比较，结果如下：

表 3.14 Fielding 使用词语的比较（绝对数）

	Joseph Andrews	Fielding 其他短篇作品	非 Fielding 的作品	Smollet 模拟 Fielding 的讽刺作	《查尔斯十二世战争史》
A. 短语					
I believe/believe me	33	6	4	0	1
on/of a sudden	6	3	0	0	1
(all of/on a sudden)	0	0	1	2	3
in reality	11	4	0	2	9
by no means	10	2	3	0	6
in the world	25	3	1	0	9
B. 叙述性、连接性短语					
and now	15	3	1	1	1
at length	28	2	9	0	27
upon which	12	8	5	0	23
C. 句子开头					
As soon as	16	2	0	0	38
As to the	9	14	0	0	61
At last	13	0	1	0	15
However	18	1	2	0	23
Now/And now	43	10	7	1	2
That	22	4	2	1	103
Upon this	6	1	0	0	13
D. 单词					
likewise	68	2	13	0	235
pray	27	1	1	1	0

（待续）

（续表）

	Joseph Andrews	Fielding 其他短篇作品	非 Fielding 的作品	Smollet 模拟 Fielding 的讽刺作	《查尔斯十二世战争史》
E. 动词词组					
snapt/snapped his/her/my finger	9	0	0	1	0
readily/agree/accept	10	2	0	0	0
think proper to	17	3	2	0	43
do/did + verb	143	46	45	3	162
verb + not (inversion)	39	15	6	0	46
100 词中的总词数	124.6	35.0	65.8	4.5	244.8

根据对上述资料的比较，Farringdon 认为，可以断定《查尔斯十二世战争史》确实是 Fielding 所译。Hope（1994）还进一步把语料库方法和社会语言学的研究方法结合起来研究莎士比亚的一些有争议的剧作的作者归属问题，也取得了有意义的成果。例如在早期现代英语（15 至 17 世纪）里，语言急遽变化，有些语言形式同时共存，如第二人称代词 thou 和 you，第三人称单数现在时 hath 和 has，助动词 do 等。但是它们随着时间的推移而采取了 S 弧形的变化形式（见图 3.5）。

例如在 13 世纪，you 的用法甚少，到了 16 和 17 世纪有了迅速发展，最后在 18 世纪才稳定下来，而 thou 的用法只保留在诗歌和宗教仪式里。更为重要的问题是，在两种语言形式共存的时候，早期现代英语的说话人使用 thou 的频率是由几个因素决定的，更为年轻的、受教育程度更高的、更靠近城市的人更多地使用像 you 那样新兴且富有威望的变体。由于这些语言用法定型较早，所以出生年月不同的两个作家在同一年代写作时采用 thou 的频率也就不同。这也可以说，社会语言因素在形成语言变异型式中起了作用，这些因素影响了早期现代英语作家对某些早期现代英语变量的使用。例如 John Fletcher

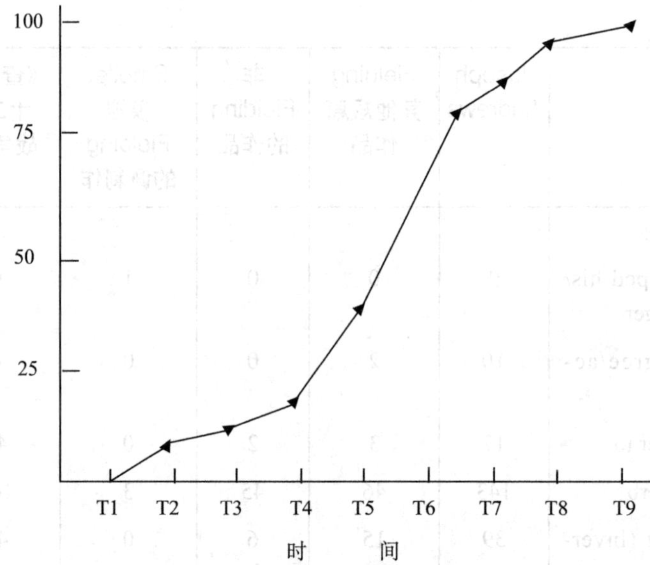

图 3.5 某语言形式的百分比

于1579年出生在英国东南部的上层阶级家庭，其父从1594年起出任伦敦主教，1589年后一直居住在此。Fletcher本人很可能在剑桥大学受过教育。而莎士比亚和他的情况很不同，莎士比亚比他早生15年，生活在西南部中原地带的农村，出身寒微，没有受过高等教育。这些因素使Fletcher会比莎士比亚使用更多新兴且富有威望的语言变体。因此我们可以通过这些变体（语言标记）来研究像《亨利八世》和《两个高贵的亲戚》那样的交叉参与写作的作品里[1]哪些部分属于Fletcher的手笔，哪些部分出自莎士比亚的手笔。

Hope分析了助动词do在早期现代英语中的用法（见表3.15）。在早期现代英语里助动词do是有选择性的，规则化的用法是15至16世纪间兴起的一种变体。在14世纪，没有什么人使用；在15至16世纪间，见于各种句子类型中；到了17世纪则已稳定下来成为规范。Fletcher的年纪较轻，出生于较高阶层，受过高等教育，而且生活在城市，因此使用规则化的句子的场合应该比莎士比亚要多。Hope统计了属于6位剧作家的43部作品的使用规则化句子的比

1 一般认为Fletcher曾参与莎士比亚的《亨利八世》的写作，而莎士比亚也曾参与Fletcher的《两个高贵的亲戚》的写作。

表 3.15

1. 规则化句子（现为规范用法）	
（a）肯定陈述句：	I went home.
（b）否定陈述句：	I did not go home.
（c）肯定疑问句：	Did you go home?
（d）否定疑问句：	Did you not go home? / Didn't you go home?
2. 未规则化句子（现为不规范用法）	
（a）肯定陈述句：	I did go home.
（b）否定陈述句：	I went not home.
（c）肯定疑问句：	Went you home?
（d）否定疑问句：	Went you not home?

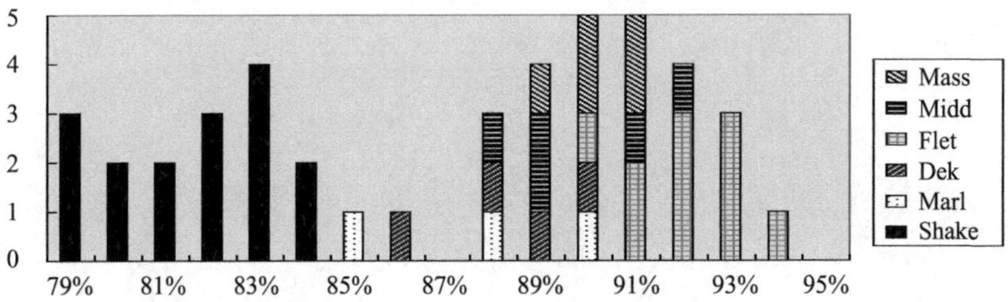

图 3.6　6 位剧作家的 43 部作品的使用规则化句子的比例

例：按出生年份，除莎士比亚（1564 年）外，还有 Marlowe（1564 年）、Dekker（1572 年）、Fletcher（1579 年）、Middleton（1580 年）和 Massinger（1583 年）。图 3.6 表示的是每一部作品的使用规则化句子的比例，如图中的第一个条形表示在莎士比亚作品中有三部作品的使用百分比为 79%。值得注意的是他的用法没有和别的作家重叠，别的作家都没有低于 85% 的，而莎士比亚的却没有超出 84% 的。而且别的作家都有和其他作家重叠使用的地方。这说明起码就莎士比亚而言，助动词可以作为一个强有力的语言标记。但 Fletcher 的用法却恰恰相反，没有低于 90% 的。Hope 还用同样的方法来观察作家的出生年份和使用规则化句子的关系，使用的百分比是从莎士比亚（83%）→ Marlowe（88%）

→ Dekker（89%）→ Middleton（91%）→ Massinger（91%）→ Fletcher（93%），和出生年份的先后基本上是一致的。只有 Fletcher 的出生年份比 Middleton 和 Massinger 晚，但却比他们更多地使用规则化句子。Hope 用这个语言标记来观察《亨利八世》，说明它确实是莎士比亚与 Fletcher 合作的成果。我们这里着重介绍的是他所使用的研究方法，具体的结果就不再罗列了。

以研究语料库的开发和应用为目的的语料库语言学（corpus linguistics）已经成为一门羽毛丰满的学科。

第四章 社会语言学研究方法

4.1 结构语言学和社会语言学

结构语言学本来脱胎自人类语言学，而人类语言学所研究的主题之一便是语言与社会的关系。但是结构主义强调的是语言形式，而且认为只要坚持其分析方法，语言学家就能取得某一语言及其社区的结论性的看法。结构语言学关心的是语言的普遍规则，对语言差异不感兴趣。但是语言差异和语言共同性是一个问题的两个方面，忽略了差异也会影响普遍规律的形成。Bloomfield（1927）举了一个例子，他谈到一个作为资料提供人的Menomini族人，约40岁，不懂得几句英语，但他的Menomini语也糟透了，词汇量很小，曲折变化凌乱，只会用几个简单句型。可以说他讲不出几句像样的话。但是这种情况不是个别的，可能代表了一代人。假定我们归纳他的情况，就会达到这样的结论：Menomini语是一种没有人能讲出几句过得去的话的语言，因为无从比较，就索性说Menomini语的词汇量很小，只有几个简单句型。这个例子说明，忽略了语言差异，就难以归纳语言共同性。Bloomfield的看法是这种情况可能是英语战胜Menomini语所造成的影响。但是Hymes（1974）举这个例子来说明，"言语社区在它们的正常历史过程中，完全有可能发展它们自己在程度和方向上有所差异的语言手段，并在它们的交际生活中赋予这些手段一定地位。""总之，语言使用者的语言能力，乃至其语言本身，会发生变化，不过这些差异不会反映在通常描写范围内的语言结构里。通常描写的形式化的语言系统可能仅是不同的社会语言系统的一部分，这些系统的性质不能是假设的，必须加以观察。"所以在上述例子里，我们不能只研究Menomini语，而必须研究那个包括Menomini语、英语和其他语言在内的言语社区。

Hymes用表4.1来归纳从20世纪30年代到第二次世界大战后的结构主义所强调的方面：

表 4.1 结构主义对语言结构和语言功能的看法

	所描写的	所比较的
语言结构	不变式	差异
语言使用（功能）	差异	不变式

这个表的含义是：就一种语言的描写而言，结构主义感兴趣的是找出其不变式，即同质性结构。就语言的比较而言，结构主义感兴趣的是找出语言结构的差异，有的人甚至还认为差异越大越好。而语言使用（言语）则不大受到关注，因为差异性甚大，仅能作为不变式的背景。不同语言在功能上是等值的，如果要比较的话，那么语言功能都表示为不变式。

表 4.2 社会语言学对语言结构和语言功能的看法

	所描写的	所比较的
语言结构	差异	不变式
语言使用（功能）	不变式	差异

Hymes 认为重点要有所转移，在表 4.2 里，我们对一种语言进行描写时，虽然也要考虑到不变式，但更应注意言语社区复杂性所产生的各种语言变体以及其相互关系。至于不同语言的比较，由于语言类型学和语言共同性的开展，我们更应强调找出其不变式。至于语言的使用和功能，就一种语言的描写而言，我们应该找寻不变式，即社会语言型式。就不同语言的比较而言，则应找寻语言使用和功能的差异。Hymes 还专门列表来表示“结构”语言学和“功能”语言学的重心是有所不同的：

表 4.3 “结构”语言学与“功能”语言学的重心比较

“结构”	“功能”
1. 语言结构（语码）作为语法	1. 言语（行为、事件）结构作为说话方式
2. 语言使用对语码分析起执行、限制、相关的作用；语码分析先于使用分析	2. 使用分析先于语码分析；使用语言的组织显示更多的特征和关系；表明语码和使用语码的有机（辨证）关系

（待续）

（续表）

“结构”	“功能”
3. 指称功能把语言使用规范化，完全语义化	3. 全部语体和社会功能
4.（从跨文化或历史的角度看）要素和结构的分析是任意性的，或（从理论的角度看）要素和结构是有共同性的	4. 要素和结构是文化上适宜的（或用 Sapir 的话来说，是“精神上”适宜的）
5. 所有语言在功能上（适应性上）等值；所有语言在主要方面（潜能上）平等	5. 所有语言、变体、语体在功能上（适应性上）有差异；它们在生存上（实际上）不一定等值
6. 单一的、同质的语码和社区（“一致性的重复”）	6. 言语社区作为语码库或言语语体的一个矩阵（“差异性的组织”）
7. 像言语社区、言语行为、流利的说话人、语言和言语功能这些基本概念是想当然的、任意假定的	7. 这些基本概念都是有问题的，需要考察的

社会语言学研究的是语言和社会的关系，有广义和狭义之分。广义社会语言学从社会的角度看语言，研究的是言语社区、多语制、语言态度、语言选择、语言计划和标准化、语言和文化等问题；狭义社会语言学从语言的角度看社会，研究的是语言事件、语言功能、语码变异、语用、语篇分析、语言和性别等问题。Hymes 把狭义社会语言学叫作话语文化学（the ethnography of speaking）。社会语言学开拓了语言学的视野，把研究的对象延伸到句子以外的领域，有的社会语言学家（如 Fishman，Labov）认为社会语言学促使了面向语境和功能的语言学的产生，因此它才是“真正的语言学”（real linguistics）。但是一旦社会语言学取代了语言学，社会语言学也不再存在了，因此这可以说是“一个自我消失的预言”（a self-liquiding prophecy）。有人则认为，虽然社会语言学强调语言的社会性，有其充分的理由，但它不一定要代替语言学，因为它还没有一整套成熟的语言理论。

不管怎样，社会语言学的出现孕育着更多且更新的研究方法，所以社会语言学对语言学的发展在某种程度上是方法论的发展，这就是我们本章要考察的问题。总的说来，社会语言学的研究方法继承了人类语言学和结构语言学的传统，但又发展出自身的一套方法。

社会语言学和人类语言学有着深厚的血缘关系，它所采用的方法很多都来自人类语言学，如自然观察、抽样调查、访问资料提供人、收集和记录资料、分类整理、归纳型式等。但是社会语言学研究的重心是社会中不同的人群使用语言的差异，它认为语言范畴和社会范畴是两个独立的，但又相互联系的系统，必须寻找它们两者之间的相互关系。它的假设是：如果我们分别测量这两套变量，我们就能了解社会结构和语言结构的系统变化。在计算它们的相互关系时，社会范畴通常是自变量，而语言变量则是依变量。这种方法可以称为相关分析法（correlative approach）[1]。但是有些社会学家（如 Garfinkel），特别是社会语言学家 Gumperz 则反对使用这种方法。Gumperz（1967）特别指出，相关分析对言语行为差异的解释很不充分，首先它并没有解释言语行为在不同社会里为什么会视社会范畴之不同而有所差异，其次是相关并不能使我们了解支配被调查人的实际交际行为的社会规范和规则，也不能了解他们对社会关系的感知差异。他提出一种交互作用分析法（interactionist approach）[2] 以取代之。这种方法不主张平行观察两个变量之间的关系，而是认为只有通过语言数据才能获得关于社会范畴的信息，因为社会测量总是牵涉到资料提供人和调查者本人对社会范畴的认识。“正如词义总是受到上下文的影响一样，社会范畴也必须从环境制约的角度去解释，像状况和地位那样的概念并非说话人的永久性特征：它们像音素和词素一样，已经成为抽象的交际符号。它们在分析家的抽象模型里也可以被分离出来，但是人们总是在具体的上下文中来认识它们，因此语言范畴和社会范畴的界限就模糊不清了。”

交际过程是一个统一的过程，说话人在整个过程中根据他们自己的文化背景对外部环境的刺激进行修正，并从刺激中产生有关环境的交际规范。图 4.1 展示了规范怎样影响言语信号的选择。

1 相关研究的基础是统计学中的相关分析，请参看 4.4.2。

2 Gumperz 所主张的实际上是和定量研究相对立的定性研究方法。一般看法是定性研究应该与定量研究相结合。

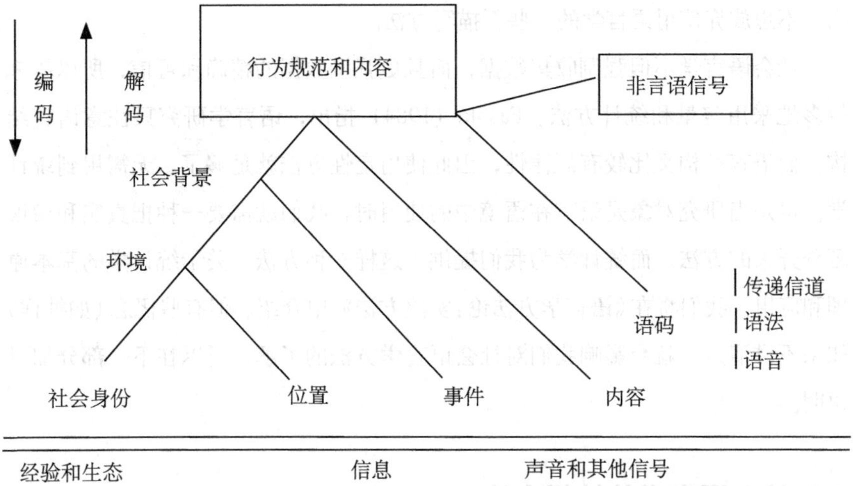

图 4.1 行为规范对语言选择的影响

首先，底部的双线把实际的交际过程和外部刺激区分开来，这些刺激被认知范畴转变为交际符号。其次，经过范畴化后，说话人所要传递的信息都要被社会和环境的制约重新改造（树结构图），这些制约决定了说话人的社会身份以及他在某些社会事件中的权利和义务。第三，这些过程导致行为规范，并从中产生合适的语码（言语变体），语码的选择进一步决定了传递信道（口头的或书面的）以及产生实际话语的语音和句法规则。

从上述讨论可见，广义社会语言学倾向于使用相关分析法，而狭义社会语言学则倾向于使用交互作用分析法。Gumperz & Hymes（1986）又把狭义社会语言学称为交际文化学（ethnography of communication），并且编了一本文集《社会语言学方向》，收集了使用这种分析法所作的各种调查和研究。

社会语言学是在后结构主义时代出现的。在语言描写方面，它既注意定性分析，又试图作形式化处理，例如 Labov（1970）在描写黑人英语的否定式时，就使用了转换语法的描写方法。他认为，"就语言结构的共时研究而言，过于强调社会因素的重要性是错误的，转换语法虽然完全否认语言的社会环境，但在找出语言结构的不变关系时有重大的进步。现在已经很清楚，如果我们不认真研究促使语言进化的社会因素，我们就不可能在了解语言变化的机制方面迈出任何重要的步伐。"可见 Labov 一方面维护其社会语言学家的立场，另一方面又不想放弃使用语言学的一些新描写方法。

社会语言学不但强调收集数据，而且更强调数据的精确和可信，所以越来越多地采用定量和统计方法。Fasold（1984）指出，语言学研究只注意语言结构，而语言结构又比较有规律性，因此使用定性方法就足够了，无需用到统计学。可是当研究对象是语言在语境中的使用时，我们就需要一种把真实和谬误区分开来的方法，而统计学为我们提供了这样一种方法。关于统计学的基本原理和应用，我们将在《语言学方法论：实验方法》中介绍。但有些概念（如抽样）如果不讲清楚，就会影响我们对社会语言学方法的了解，所以在下一部分加以说明。

4.2 社会语言学的抽样方法

抽样在社会调查中是不可缺少的，因为要调查的样本总体数量太大，不可能也没有必要对总体的每个成员都作调查。社会语言学[1]抽样首先面临的问题是资料提供人差异较大：他们不但有不同的方言特征，而且在不同环境里有不同的说话方式和内容。Heath（1980）在调查英国 Staffordshire 的 Cannock 语时发现当地人说话时会不规则地拉下 h 音。如果我们只是在“理想的”操方言的说话人的个人语言（idiolet）中去调查语言变量，就会发现它是捉摸不定的，只有使用周密的方法才能发现这些人际之间和个人语言之间的语言变量的一致性。

社会语言学既然要研究社会的语言差异，就必须有足够数量的、不同类型的语言数据，并且还要考虑收集语言数据的社会环境。“代表性”的概念应该扩充到不同的说话人，甚至同一说话人所使用的不同类型的语言。Sankoff（1980）指出，要获取好数据意味着要在抽样程序中作出三种决策：

1. 对样本的总体作出定义。

2. 对社区内语言差异的各个有关方面进行估计，涉及分层抽样。所以我们必须了解民族群体、性别、社会阶层对其所用的语言有什么样的影响。多数研究表明它们和语言环境一样，在很大程度上都会对语言的使用产生影响。

1 社会语言学所使用的抽样方法和定性研究方法中的抽样方法相似，基本上都属于有目的抽样，但与定量研究方法的概率抽样不太一样。概率抽样的原理和方法详见本书有关部分。

3. 要决定样本数。

Sankoff 认为只要作出这三种决策，抽样就可以通过社会网络的方法或使用随机方法而取得。

4.2.1 对样本的总体作出定义

对样本的总体作出定义就是对我们所感兴趣的群体或社区加以描绘，找出考察群体成员的样本框架。例如下面所介绍的 Labov 在纽约市作的调查，排除了很多母语不是英语的人，这就涉及对母体定义的问题。纽约市的移民很多，为什么要把他们排除在外？这是一个问题，另一个问题是怎样定义操本族语者？在社会语言学分析中，这往往也是一个引起争议的问题。凭他们说话的口音来断定其是否操本族语者，也很不容易。有的小孩的父母亲为移民，而他自己还是永远掌握不到他从小在其中生长的社区所使用的某些语言结构。Trudgill（1983）指出，有些人虽然在 Norwich 生活了一辈子，但还是没有 Norwich 口音。

Horvath（1985）在研究悉尼英语口语时，并没有排除把英语作为第二语言的说话人。这种做法在理论上有一定的意义，因为少数民族的发音往往在语言变化中起到足以影响整个悉尼言语社区的主导作用。这种决策对研究方法也提出不同的要求，需要不同于 Labov 所采取的分析方法。至于英国人所作的少数民族语言调查（The Linguistic Minorities Project, 见 Milroy 1987）更是直接考察在英国和威尔士的非英语说话人所使用的语言的各个方面。这项研究的一部分是成人语言使用调查，它企图描写英国 3 个城市的 11 个少数民族语言群体，其目标和一般的城市方言调查不同：它旨在了解有哪些语言在英国使用，是怎样使用的。这项调查也面临着抽样的问题，调查者认为在 3 种情况下都会产生抽样的偏颇：(a) 采取了非随机的办法，它意味着有意识或无意识地受到人为的干扰；(b) 抽样框架（清单、索引或人口记录）并没有全面而准确地覆盖了总体；(c) 总体的一部分找不到或拒绝合作。实际上英国的移民群体是随机地分散在各地的，如果根据选民登记表之类的抽样框架（sample frame）来进行随机抽样，也不一定合适。调查者于是采用了两种方法：一种是少数民族姓名分析，从选民登记表上先找出少数民族姓名，然后再使用系统或随机的抽样办法；另一种是根据少数民族社区所提供的少数民族语言使用者的清单，例如在伦敦和考文垂便是这样找出意大利裔的说话人的。之所以要依赖少数民族社区是因为他们不是英联邦公民，没有投票权，不会参加选民登记，而且意大利人姓名又没有明确的区别特征。

这种建立抽样框架的方法也引起了争议，但是进行这项调查的研究者认为，这种方法虽然难以作统计学评估，但在对总体的大小和地区均不知道的情况下，他们已经尽力保证抽样的代表性了。

4.2.2 分层抽样

抽样最基本的方法是随机抽样，即让总体的每个成员都有同样的机会被选中。但是在实际操作中，往往会遇到很多困难，主要是抽样框架本身有偏颇，1936 年美国的 *Literary Digest* 根据电话簿用户排列来作抽样调查，以预测当年总统候选人。调查结果预测罗斯福会落选，但结果罗斯福在 48 个州里的 46 个州胜出。原因是当时使用电话的多为中上层阶级，而中上层阶级多为反对新政的共和党人。另外一个原因是社会中的变量很多，如果样本不够大，往往不能代表某些变量。为了保证样本能充分代表总体，一般采取分层抽样（stratified sampling）的办法。

Labov 在调查纽约市各个阶层的英语特征时，对说话人及其语言都使用了抽样的方法。它决定在纽约曼哈顿下东区展开调查，这个区人口不算多（1960 年的人口约为 107000 人），但却是美国各民族各阶层的一个缩影。27% 为犹太裔，11% 为意大利裔，25% 为其他的欧洲移民（包括乌克兰、俄罗斯、波兰、爱尔兰等），26% 为波多黎各裔，8% 为美国黑人，3% 为非白人（主要是华裔）。Labov 把他们分为四组：黑人、犹太人（正教徒和保守派）、天主教徒和基督教徒。在这个地区居住着不同的社会阶层，Labov 将其分为三个档次，下层（0—2）、中层（3—5）和上层（6—9）。在这个地区已经进行过一次广泛的调查，叫作“青年动员调查”（简称 MFY），调查人数为 617 人。Labov 在这个基础上进行了筛选，主要是去掉母语并非美国英语的人和已经搬走或死去的人。最后实际调查了 155 人，作为他的美国英语调查（简称 ALS）的样本。

表 4.4　Labov 的 ALS 抽样方案

民族	阶层	MFY 总数	MFY 调查部分总数	母语为英语人数	搬走或死亡人数	ALS 目标样本总数	ALS 访问总次数	ALS 语言访问次数	ALS 电视访问次数
(列)		1	2	3	4	5	6	7	8
黑人	0—2	32	32	29	6	23	16	14	2
	3—5	36	36	31	10	21	19	16	3
	6—9	17	17	16	11	5	5	5	-
小计		85	85	76	27	49	40	35	5
犹太（正教徒）	0—2	71	71	14	4	10	8	8	-
	3—5	55	38	13	3	10	10	9	1
	6—9	48	48	22	8	14	11	6	5
小计		174	157	49	15	34	29	23	6
犹太（保守）	0—2	25	25	9	3	6	4	3	1
	3—5	35	21	14	4	10	8	7	1
	6—9	40	40	35	13	22	18	12	4
小计		100	86	58	20	38	30	22	6
天主教	0—2	72	72	36	11	25	18	11	7
	3—5	102	69	41	17	24	19	15	4
	6—9	37	37	27	11	16	13	8	4
小计		211	178	104	39	65	50	34	15
基督教	0—2	7	7	4	0	4	4	3	1
	3—5	13	13	6	6	0	-	-	-
	6—9	27	27	15	10	5	5	5	-
小计		47	47	25	16	9	9	8	1
总数		617	533	312	117	195	158	122	33

Labov 的调查发现不同阶层的英语发音有差异，在后面（见 4.4.2）我们还会专门介绍，这里只讨论他的抽样方法。总的来说，大家都承认他的程序在保证样本的代表性方面比过去的调查要科学和精密得多。他在两方面是有开创性的：一是他普遍调查了各个阶层的说话人，而不限于某一阶层；二是他调查了

他们的语体。但是从严格的统计学角度来看，很难说如此少的样本就能够反映总体的情况，而且他把母语为非美国英语的人排除在外引起了更大的争议。

4.2.3 样本数目

从统计学的角度看，抽样数目多少取决于总体的差异程度的大小、容许误差的大小以及使用的抽样方法。抽样数目太多会造成浪费，太少会使调查结果产生较大的误差，影响我们调查的结论。像 Labov 所作的调查不能说具有统计的代表性，只能说是具有非专业的“代表性”。他所使用的实际上是本书 2.2.2 里所谈到的定性方法中的有目的抽样，并非概率抽样。这在社会学调查里经常会被用到。Sankoff 指出，语言调查也许不像其他调查那样需要那么大的样本，因为语言行为与其他行为相比具有较大的同质性。即使是调查较为复杂的社区，150 人的样本也足够了。但是这些样本必须选择得当，能代表我们所要概括的所有社会阶层。原因显而易见，在语言分析中对数据的处理有很多要求，因此样本数不能太大。Trudgill（1974）在英国诺威奇的语言调查只找了 60 人。Shuy 等（1968）用严格的随机抽样的方法对美国底特律的 254 个家庭作了 702 次访问，但是到最后语言数据分析时，根据说话人各方面的适宜性，只选了 36 个家庭。由此可见，细心的抽样反而显得多余。

4.2.4 判断抽样

判断抽样是有目的抽样的一个延伸，其基本原则是研究者事先决定他所调查的说话人的类型，然后找出符合规定范畴的这类说话人的人数，再进行抽样。要使样本有效，判断抽样必须以某一个理论框架为基础，而且研究者能够表明自己的判断是合理且目的明确的。Romaine（1978）和 Reid（1978）对爱丁堡学生的语言研究就是根据 1971 年人口调查的资料，按照住房、教育、就业、健康等情况分别选择了一所处于贫穷地区和一所处于富庶地区的学校，然后调查和比较不同社会阶层的孩子的语言情况。他们的目的明确，就是要观察规定得很清楚的社会群体的语言特征，因此没有必要再使用随机抽样程序。由此看来，要不要坚持随机抽样的原则应视情况而定，比如在进行少数民族语言调查时，因为对总体的构成和特征所知甚微，所以只能用随机程序来保证样本的代表性。但如果是在一个人口资料充分且其特征能被明确规定的城市，判断抽样也是可取的。原因有两个：一是语言调查的样本一般都做不到概率抽样，勉强说它是概率抽样会招致很多学术上的批评；二是相当小的样本（小到难以说有代表性）似乎也能说明大城市的语言差异。

判断抽样说明抽样方法往往与研究目的有很大的关系，视研究目的之不同，可以采取不同的抽样方法。Sankoff 建议采用社会网络的方法，与其选取一些代表某一抽象的社会范畴的个人，还不如直接研究已经存在的社会群体。这样研究者就必须接近这个群体，和他们生活在一起，直接了解他们是怎样使用语言的。这个方法实际上继承了人类语言学的传统，具有更强烈的定性方法性质。

4.2.5 语言的抽样

到目前为止，我们谈的都是怎样在社区中抽取说话人，但是社会语言学还有另一方面，就是在各种环境中抽取语言样本，即调查说话人在各种语言环境中所使用的不同语言类型。

众所周知，说话人在不同的场合会根据自己传递意义的目的和各种环境因素的不同而使用不同的语言类型。其中最重要的一个因素是说话人对听话人的“心理—社会态度”，例如社会距离和亲密程度。有的语言有两种第二人称的用法（如汉语的“你”和“您”），使说话人可以向听话人表示尊敬；在有的语言社区里，可以通过语言转换来表示同样的说话意义。Labov 调查单语制社区从正式到随便的 5 种不同语体，就是一例。调查的目的是了解言语社区的规范以及说话人在不太正式的场合里转换语体的取向。

4.3 数据的收集

样本选定后，接下来的问题是怎样从说话人身上取得数据，或是所取得的数据是否有效？这个问题之所以重要是因为语言使用型式对各种环境都很敏感，向说话人取得数据的方式会在很多方面影响我们所分析的数据。传统方法是一对一的访问。Labov 建议访问者应该向每个说话人取得一到两小时的言语材料，可是很难作硬性规定。如果是语音材料，二三十分钟也能达到要求。但是，如果我们想了解的是说话人使用某些语音变量的变化情况，就需要更长一些的时间。如果想了解的是句法使用，也需要更长的时间，因为有关的结构不一定像语音元素那么容易出现。由于数据只有经过分析后才能知道有没有取得所需的结果，所以我们还要和资料提供人保持联系，以便进一步获取资料。由于针对语音、词法、词汇和句法的分析有不同的要求，所以究竟需要多少数据取决于我们的研究目的。

4.3.1 数据的类型

Saville-Troike（1989）指出，对每一项研究而言，并非所有的数据类型都是有用的，要进行社会语言学研究，应该注意获取以下几种数据：

4.3.1.1 背景信息

要了解一个社区的交际型式，就必须首先获得这个社区的历史背景资料，包括居住地历史、人口来源、与其他社区接触的历史、影响语言和民族问题的重大事件。同时，也需要获得对调查地的一般性描述，例如地形特征、重要标志的地点、人口移动的型式、就业情况、宗教信仰、学校的招生录取等。如果已经有公开发表的资料，也需要收集。较新的资料则可从各级政府部门的网站或通过其他公开发布的资料去收集。

4.3.1.2 人工制品

社区里的很多物体都有助于了解交际的型式，例如建筑物、符号以及像电话、无线电、书本、电视那样的通信工具。数据收集往往从观察这些事物开始，例如在访问中提出“这个东西用来干什么？”“你用什么来做……？”使用文化语义调查程序来对物体进行分类和称呼是了解言语社区怎样用语言来组织经验的第一步。

4.3.1.3 社会组织

社区组织各方面的情况也应注意收集，例如领导人和官员的办公室所在地、商业区和专业区的分布、权力和影响的来源、各种正式和非正式的机构、民族和阶级关系、社会阶层的组成和分布等。这些资料可从报纸、电台、政府公报中获得，或是通过对背景样本的系统观察、对不同阶层人民的访问来收集；也可以作社会网络分析，以了解什么人和什么人进行交往，以什么身份和为了什么目的而进行交往；也可以通过网络来了解一个异质性社区中各个子群的界线，并了解它们的长处在什么地方。

4.3.1.4 法律信息

有关语言的法律和法庭裁决也是重要的数据，例如什么构成"诽谤"或"诲淫"，"言论自由"的界线是什么，（当时的）西德法庭在 1980 年宣判两个纳粹党卫队队员无罪，原因是"所有证据都是口头的，并没有一项书面证据"。法律甚至规定政府文件使用什么语言，有的地方（如美国的选举法）还规定只要全民使用该语言超过 5%，选举票上就应该印有该语言。在多语制社区，由于语言沟通出问题而导致的法律诉讼时常出现，这就要求法律家和语言学家共同协作，以达到法律公正。于是法律语言学（forensic linguistics）就应运而生（见吴伟平，1994）。与语言有关的法律信息一般都是正式语码化的，可以在法律书籍和法庭记录中找到，也可以通过访问各种法律事件的参与者或亲自到现场观察而获得。

4.3.1.5 艺术数据

文学作品（口头和书面的）也很有价值，因为它们对社会现象给予艺术表现，而且还反映了社会对语言的态度和价值观。在文学作品里的交际型式体现了某种社会规范，而且显示了不同类型的人物对语言的典型使用特征，例如戏剧作品中提供了大量社会阶层使用语言的素材（如萧伯纳的《卖花女》）。此外，艺术数据还包括歌曲、说书、相声，甚至书法。

4.3.1.6 普通常识

语言使用和解释背后的一些假设很难看出来，因为它们往往表现为一些没有说出来的预设，但是它们以“众所周知……”和“正如大家所说的……”的公式或以格言和警句的方式，使这些假设浮到表面。这些都是无须证明的“事实”，它们支配了各种交际行为。有些资料可以用这样的问题诱发出来：为什么在某一特定环境里你是这样说的，而不是那样说的？后面要谈到的文化学（ethnoscience）和文化方法论（ethnomethodology）直接与发现这类数据有关。

4.3.1.7 语言使用的信念

民俗学家长期以来都对这类数据（包括禁忌语及其后果）感兴趣。这些信念还包括谁或什么东西才能够说话，谁或什么东西可以与之交谈（上帝、动物、植物、死人等）。与此相关的还有关于语言态度和价值观的资料，包括对沉默寡言与滔滔不绝的肯定或否定态度。

4.3.1.8 关于语码的数据

在社会语言学里，把语言看作一些静止的词汇、语音、语法单位是不适宜的。这些语言数据虽然也十分重要，但是应该把它们纳入更广阔的领域来进行观察和研究。它们应该和副语言（paralinguistic）特征与非言语（non-verbal）特征一道，都是人们在语言事件中所使用的工具。如果我们要调查的语言并非自己的母语，那么我们还要阅读与这些语言有关的词典和语法书籍，以便分析这些语言单位在社区中是如何使用的。

4.3.2 数据收集程序

在一个言语社区内收集语言使用资料，并没有单一的最佳方法。判断哪种方法较为合适要取决于调查者和社区的关系，所收集的数据的类型，调查现场所处的环境。现场调查程序的好坏主要是看我们能否避开记录者的偏颇性感知，能否在自然环境中对交际行为进行观察，因此调查者应该按照实际情况决定使用哪一种调查方法。一般来说，社会语言学调查继承了人类语言学传统，具有定性研究的性质，但是定量方法在数据收集时也是十分有用的，特别是用它来测量行为一致性的程度和不同情况下语言差异的性质和数量。使用定量方法时，必须先用定性方法的程序来支持其效度，而定量方法反过来又支持定性观察的信度。数据效度是一个核心问题，根据无效数据来形成的结论是站不住脚的。Labov（1972）根据过去现场调查的经验，总结了五条社会语言学方法论的公理：

1. 语体转换。没有人只用单一语体，但有的人使用多一些，有的人则少一些。说话的环境和题目改变时，说话人的语体会随之转换。这些语体有特定的语言特征，有些转换可从说话人的自我改正中看出来。

2. 注意。注意是定义不同语体的范畴，“不同语体可以沿着单一维度而排列，按其对言语的注意程度而测量。”注意的作用最明显地表现在人们对自己的话语进行监察。例如我们可观察说话人在非正式场合和情绪激动时所使用同一语言变量的情况，这两种语体的相同特点是说话人对自己的言语给予最低限度的注意。

3. 本地话。语言学家对语体连续统上的各种语体并非同样感兴趣。有的语体表现出不规则的语音和语法型式，带有很多“过度改正”；有的语体则比较系统。本地话是说话人最自然的交际手段，是他们最不注意自我监察的。对本地话的观察可以为分析自然言语行为提供最系统的数据。

4. 正式场合使用的语言。这是访问场合所使用的语言：“对一个说话人的系统观察导致一个正式环境，它对言语的注意远非最低限度的。”在了解和提供资料的访问主体里，不会使用本地话。虽然说话人可以尽量表现得随便和友好，我们依然可以假定他还有一种更为随便的语体。

5. 好数据。要获得足够的好数据的唯一方法是使用个别的录音访问，即通过最明显的系统观察。

这就产生了所谓的“观察者的悖论”（Observer’s Paradox）：对社区语言考察的目的是了解人们在不受系统观察的情况下如何说话；但我们又只能通过系统观察来获得数据（试与索绪尔悖论相比较：通过观察个人来研究语言的社会性，但研究个人的一面必须通过观察社会环境里的语言）。Labov 认为这些问题并非不可解决，我们应该寻找一些补充正式场合访问的数据，或使用其他方法改变访问的结构（见 4.3.2.3）。收集数据的方法有很多种，Saville-Troike 谈到了七种，但在这里我们将其归纳为五种。

4.3.2.1 内省法

内省法（introspection）不但是收集自己言语社区的数据的一种手段（参阅 3.2），而且也是为了收集数据而必须培养的一种技能。这种方法之所以重要是因为我们不是为收集数据而收集数据，而是由于每一个人都有自身的文化背景，要回答语言和文化等方面的问题必须从调查者和被调查者的角度来给出答案。如果调查者本人是双文化的，他就必须把两种文化的信念、价值、行为加以区别，这种比较会为群体和个人提供有用的信息并带来启发。

在一个培训班里培养这种技能的最有效手段是，让每个人根据自己的经验回答关于交际的各种问题，然后把反映文化规范的答案和实际发生的真实情况加以比较，认识它们差异的意义。人类学家早就注意到“理想的”和“实际的”之间的差别：这不是真和假的问题，更不能加以否定。实际上这是承不承认特定行为的问题。这可以比喻为司机看见红灯，“理想的”做法是把车停下来，而“实际的”特定行为是把车放慢（而不是完全停顿），有时还有的司机根本不停。把“理想的”规范和“实际的”情况加以区别是客观地观察文化的重要阶段。对语言和文化问题的回应通常都是“理想的”答案，它们是群体成员的正规教育的一部分。“实际的”行为处于一个连续统，是从非正规模型中学回来的。它们通常都是在无意识中产生的，难以有意识地去认识。如果把一些“实际的”行为指出来，有人干脆还会否认它们曾经发生过，或认为这根本是无关紧要的小事。

如果研究者对自己言语社区的语言型式有确切的了解，他就可以把自己的观察和别人的观察加以比较，把自己的观察和经过系统观察而获得的客观数据加以比较。

4.3.2.2 观察法

观察法有多种，最常用的是参与性观察（见 2.1.1.2）。研究者本人总属于一个言语社区的成员，生来就具有这种身份；如果他能融入另一个社区超过一年，那么他就有可能观察和了解其文化型式。关键在于他能否尽量摆脱自己的文化经验的影响，这就需要观察者具有相对的文化观，了解不同文化的差异，对别的文化进行观察时能够具有敏感性和客观性。这就是从 Malinowski 开始的一次现场调查的革命。参与性观察的最大特点是调查者可以随时有意违反交际规则，通过观察和提取反应，来检验他所形成的交际规则的假设。必须经过一段时间的参与群体活动，重要的信息才能出现，与社区成员才能建立起一种互相信任的关系。局外人的身份容易产生很多问题，如果一定要保持这样的身份，这个身份应该是主人承认和希望的且对社区的福利有贡献的，例如作为一个教师和建筑工人。换句话说，调查者必须使社区的成员感到，他不止在那里“提取”数据，还会作出回报，使社区得到好处。

采用参与性观察方法要求有高水平的语言和文化能力，如果观察的时间有限，这更是现场调查成功与否的必需条件。作为一个参与活动的观察者，为了毫无阻碍地参加各种语言事件，并使别的参加者乐意与之交谈，调查者应和社区的其他成员一样，具有同样的语言背景和语言能力。在调查者亲自参与活动的情况下收集数据，还要包括调查者自己和别人的关系的数据，因为我们往往需要分析调查者在交往中所起的作用。

虽然参与性观察是主要的，但也可使用非参与性观察来收集数据。有些地方经专门设计，房间里配有单向镜子，可进行不惹人注意的观察；也有些地方可以容许调查者在场观察，而不至于影响进程。另外在观察一些像集会那样的动态过程时，与社区成员关系不那么密切的观察者最好不要过于积极地参加活动。

使用录像来观察交际行为是参与性观察的一种很好的辅助手段，因为录像可以重放，以便进行细致的分析。但是录像机的视野较小，必须把录制的材料放在一个整体的环境中去理解。不同社区对录像、录音、照相，甚至记笔记会有不同的接受程度，因而不能勉强。

4.3.2.3 访问

访问在开放性社会里司空见惯，也是收集各种文化信息的常用手段，包括亲属称谓、宗教和社区重要事件、民间传说、历史故事、歌曲、专业知识说明、社交活动描写等。在访问中，我们使用提取法（elicitation method）有目的地收集语言数据。组织访问必须注意几个问题：

1. 选择可靠的资料提供人。那些在局外人看来最容易找到的人往往不是社区里有代表性的人物，因此可能提供不准确或不完整的信息，或与研究者从别的成员中所获得的信息相冲突。

2. 提的问题必须是文化上合适的。调查者应该知道哪些提问合适或不合适以及为什么，在哪些方面是合适的或不合适的。

3. 对交际中表示同意、不安、愤怒、讽刺等的信号保持敏感。这些敏感性有助于了解资料提供人的可信程度和问题的适宜性，有助于决定什么时候应该结束访问。

4. 对数据要进行标音、整理和分析处理，其结果和最初收集的数据会有些不一样，与研究者的理论方向也会不同。如果访问者使用的不是他自己的本族语时，还需要精通另外一种语音字母，用它来进行标音。

如上所述，访问是一种适合于使用正式语体的语言事件，涉及陌生人双方的交往，但是说话人身份很明确。双方不是处于同等地位交谈，并没有同等的轮流讲话的权利。谈话的一方（访问者）控制着交谈的进程：由他选定话题和提问的方式。被访问者由于同意访问，必须以合作的态度回答问题。按照会话的合作原则，回答应是简短的、相关的。访问者得到回应后，应该提另一个问题。参与访问的语言事件的双方已充分意识到他们的身份，所以轮流讲话的机会不是平等分配的。

Labov 指出，现场调查者应想办法克服访问的这种型式，以取得一种“有利的交谈地位”，因为访问中双方的不对称的地位往往使语篇的结构受到影响。例如访问者为获得信息而作出的直接提问在日常生活中就不常见，而且不同社区对直接提问的含义有不同的理解。Hymes（1972）还注意到一些受文化所决定的提问行为：智利的土著 Araucanians 把重复提问看作侮辱，巴西的土著 Cahinahua 认为对第一次提问的直接回答意味着没有时间交谈，一个模糊的回答意味着在第二次提问时才会作出直接回答，并且意味着交谈能够继续下去。

要解决这个问题，可以采取以下几种办法：

1. 改变访问环境。采取各种方法使访问人从正式的语体转移到本地话，例如让他离开主题去谈论童年发生过的一些事情。Labov 认为“死亡危险”是一种成功的问题，例如像“你有没有处于一种严重死亡危险的时候？”这样的问题可以打断正常的访问，使被访者转移到使用本地话。

2. 小组讨论。人们在和朋友的自然交往中往往会使用“正常”言语行为。在小组讨论时，可以将系统观察的影响降到最低限度。

3. 快速和无名访问。在前两种访问中，被访者的身份是很明确的。我们也可以利用不能算是访问的会话来进行无名的系统观察，例如 Labov 在纽约第五大道找了 3 家代表了不同消费水平的百货商店，然后向售货员打听，“Excuse me, where are the women's shoes?”（打扰一下，卖女鞋的地方在哪里？）通常的回答是“Fourth floor.”（在四楼）。接着调查者装着听不清，又问道，“Excuse me?”得到更为小心的强调式：“Fourth floor.”通过这样的办法，Labov 就能采集到在随便的和小心的两种语体中的 /r/ 的发音资料。

4. 非系统观察。用来验证在访问、小组讨论中所获得的数据能否代表本地话。我们可以通过公共场合（如火车站、公共汽车站）的会话来检查一些语言变量，以纠正系统观察的结果。

5. 大众传媒。从广播和电视中获取数据，说话人的地位和言语手段一般没有很大的变化，大多使用正式语体。近年来有些在出事地点所进行的现场采访，被访者由于受到刚刚发生的事件的影响，就不会太注意自己说的话。

6. 语体变化。说话人视其对自己的言语的注意程度的不同而改变语体。Labov 在纽约市的调查区分出五种语体：(a) 随便的语体（在家里或在朋友间使用)；(b) 小心的语体（半正式的，通常用于访问)；(c) 阅读体；(d) 词表；(e) 最小对立体。从 (c) 到 (e) 为有监察的阅读语体，其正式程度从 (c) 向 (e) 增加。

所以访问应该是开放性的，并且应该具有很大的灵活性，尽量避免事先设定的框框，注意在访问过程中出现的新思想、新信息、新型式，注意“理想的”和“实际的”文化之间的差异。提问也应该是开放性的，避免那些可以用事先设定的答案就能回答的问题。例如，关于方言和区别它们之间特征的问题：“某某地方的人说话和您说话有什么不同？您能听懂他们说话吗？您能否举些例子？”关于对语言变体的态度的问题：“谁讲得‘最好’？”“谁讲得‘可笑’？”“他们为什么那样说？”关于不同的语言事件的认同的问题：“他们在干什么？（指交往方式)”“这是什么人说的话？”关于言语中的社会标志的问题：“您怎样问候年纪大的人？怎样问候年轻人？怎样问候您的老板？”

为了进行统计分析，也需要准备封闭性的问题。但是必须事先预设可能得到什么样的回答和可能作出什么样的解释。但是封闭性的问题总是违反开放性原则。

应该注意的是，哪怕是最简单的问题，其答案往往也会有文化特征。例如对年龄和小孩儿数目的提问要很小心，不同社区对基本年龄有不同的看法，对“有多少个小孩儿”也有不同的理解：有的社区只算身体健康的，有的只算男的，有的只算答话人自己性别的小孩儿。有人在美国调查坦桑尼亚人，发现问“有多少个小孩儿”是不合适的，因为被访人回答“我们不计算小孩儿数目。”所以调查者要问“你有多少个小孩儿生在坦桑尼亚？有多少个生在美国？”才能得到他想要得到的信息。

在封闭性问题里，往往会使用一些分级量表（例如语义微分调查)，在这些问题的前后最好有一些开放性问题，例如 Saville-Troike 先让来自不同国家的学生按照他们自己社区里的情况，排列一些代表男性或女性的典型特征，如有抱负、喜欢竞争、盛气凌人、有同情心、圆滑等。然后再利用这些答案来提问，以了解这些特征如何不同程度地反映在男性或女性的说话里。几乎所有学生都把男性排在较盛气凌人那一个档次里，但有些人认为盛气凌人主要反映在男性的说话里，而另一些人则认为这个特征反映在男性的沉默寡言里。同样，调查者让学生在“友好的”这级量表上排列不同的社区成员以后，再让他们讨论什么是友好的言语行为，发现大家的理解差异很大，例如经常闲聊在西班牙学生看来是友好的表现，而在日本学生看来则是不友好的，因为他们认为经常闲聊表示社会距离，而不是友善。一个日本学生甚至说，“如果你和一个人是很要好的朋友，你就没有必要和他闲聊那么多。”

4.3.2.4 文化语义学

文化语义学（ethnosemantics）主要是从资料提供人的语言中提取抽象程度不同的各种词语，分析其语义结构，以了解经验是如何组成范畴的。一般采用分类法或成分分析法。我们对一个言语社区的交际过程的考察往往离不开那些有文化特征的范畴和情景。Frake（1968）指出，调查者往往采用“找出代表事物的词语”的方法来了解词义，例如指着石头问，“这叫作什么？”如果回答是 mbaba，那么 mbaba 就是指石头。这实际上是在两种语言之间寻找词语的一一对应的关系，往往忽略了文化特征。他建议的方法是“找出词语所代表的事物，”我们应该按照所调查的社区成员的概念系统去定义物体，这不是去把语言重新编码，而是去了解所调查的社区的“事物”。例如我们去了解的是食物，然后再根据该社区的认知系统去把食物进行分类：

表 4.5　根据一个社区的认知系统对事物分类

something to eat（食物）				
sandwich（夹心面包）		pie（馅饼）		ice-cream bar（雪条）
hamburger（汉堡包）	ham sandwich（夹火腿面包）	apple pie（苹果馅饼）	cherry pie（樱桃馅饼）	Eskimo pie（爱斯基摩雪条）
A	B	C	D	E

Eskimo pie 与 apple pie 和 cherry pie 虽然都有一个 pie，但它其实是指“雪条”而不是“馅饼”，故不能把它们归为一类。同样的例子在英语中还有很多，例如在“Look at that oak”中，oak 指的是 white oak（白栎），而不是 poison oak（毒栎）；blackbird 是一种鸟，而 redcap 不是一种帽子，却是一种鸟。人类学家对

亲属称谓所作的研究也表明各民族的亲属称谓有相同点，也有差异，不能简单地寻找词语的对应。英语中的 brother，在汉语可能是“哥哥”，也可能是“弟弟”，因为汉语的亲属多了一条年龄的界限，以说话人自己的年龄为基准可区分为兄和弟，以说话人上一代的年龄为基准，父系也可区分为叔和伯，母系可区分为大舅和小舅。这都说明比较要先从事物入手，再找出代表事物的词语。

可以用两种提问方法来收集文化语义的数据。第一种是关于范畴的分层结构的，如：首先问“侮辱行为有哪些？”回答为“有友善的侮辱和不友善的侮辱。”再问下去，就是“友善的侮辱有哪些？”和“非友善的侮辱有哪些？”可以逐步深入，以了解范畴的分类。第二种是关于特征集合的，目的是了解说话人是怎样在一个维度上进行比较的，如问“这两个物体 / 行为 / 事件有些什么不同？”“它们有些什么相同处？”“在这三个物体中，哪两个更为相似？怎样相似？”

这种描写方法的最终目的是使用对社区成员有意义的范畴来对数据作出 emic（内部的）的说明，用事先决定的范畴来对数据进行 etic（外部的）分类，这样有利于参考和比较，但不是描写的最终目的。

4.3.2.5 文化方法论与交互作用分析

文化方法论（ethnomethodology）是 Garfinkel 在 1972 年提出来的，它主要是研究说话人产生和解释交际经验的基本过程，包括那些没有说出来的关于共享知识的种种假设。Garfinkel 认为，社会知识是在交互作用中表现出来的，所以对交际过程的描写应该是动态的，而不是静态的。

文化方法论和文化语义学的共同点是两者都把阐明一种文化中的成员的能力和知识放在首要地位，但文化语义学主要是通过民间词语来了解知识，而文化方法论则采取更为广阔而又没有那么形式化的态度去考察交际行为，其兴趣在于那些作为交际行为（言语的和非言语的）基础的解释过程。对 Garfinkel 来说，意义是“定位的意义”（situated meaning），就是说，意义由言语活动参加者在特定的环境中建立并积极地作出解释。因此方法论指的不仅是怎样研究，它本身就是研究内容的一个部分。

Garfinkel 认为，社会学家往往把“结果”和“过程”区分开来：“结果”指的是对一些实质性的事物取得共同的认识，而“过程”指的是人们为了解一个人所说的和所做的是否符合规则而采取的各种方法。在会话分析中，要报告“结果”较容易，但要报告“解释过程”和定位的意义却不那么容易。Garfinkel 让他的学生把普通会话中实际说的话和它的解释过程列在一页纸上，以下是一个学生报告他和自己妻子的对话：

表 4.6　实际对话及其解释过程

丈夫	丹纳今天不用抱起来，就能把一枚硬币丢进停车计时表里。	今天下午我把我们 4 岁的儿子丹纳从幼儿园接回家，他居然不用我把他抱起来，就够得着把一枚硬币丢进我们经常停车那个区的停车计时表里。
妻子	你把他带到唱片店里了？	既然他把硬币丢进停车计时表，就说明他和你在一起的时候，你没有开车。我知道你不是去接他就是往回走时把车停在唱片店附近。你究竟是往回走时和他在一起，还是把车先停在那里，然后再去接他？还是把车停在别的什么地方？
丈夫	不，去了补鞋店。	没有，我在接他途中去了唱片店，回家路上和他一起去了补鞋店。
妻子	为什么？	我知道你去补鞋店的一个原因，但事实上你去干什么？
丈夫	我去给我的鞋买双鞋带。	你记得吗？我的一只棕色牛津牌的鞋子的鞋带那天断了，所以我去鞋店买鞋带。
妻子	你的平底运动鞋也很需要换个新的鞋底。	我想到的是你应该弄些别的什么。你应该带上你的平底运动鞋，它该换新鞋底了。你应该快点把它弄好。

由此可见，说出来的和实际谈论到的是有差别的，说出来的是所谈论到的内容的一部分，往往是较为简单、省略、隐蔽，甚至是有歧义的。文化的基础并非共享的知识，而是共享的解释规则。Garfinkel 把文化看作共享的解释规则，这一点和 Chomsky 的生成转换语法的深层结构相似。对 Chomsky 来说，每一个说话人都具有一种使他能够创造性使用语言的语言知识；在 Garfinkel 看来，每一个说话人都具有一种能够使他创造性使用语言的说话知识。

Gumperz（1977）指出，意义在会话交互作用中的传递是有共同规律的：

1. 意义和对说话方式的相互理解部分取决于环境和说话人以前的经验。

2. 意义是在交互作用过程中通过协商取得的，它决定于前面的话语的意图和对话语的解释。

3. 会话的参加者总是在进行某种解释。

4. 对目前所发生的事情的解释都可以从以后所发生的事情的角度加以倒叙。

这里出现一个鲜明的概念：说话人必须和以后开展的任何深度的以及任何时间的会话交谈共享经验。

Gumperz 根据这个思想建立起一个关于社会知识如何在说话过程中被存储、提取以及如何同语法知识相结合的理论框架。会话推断是受环境制约的解释过程，会话的参加者靠它来估计别人的意图，并以此为基础作出自己的回应。不同的参加者因为不属于同一社区，有不一样的文化基础，对会话中的意义的理解不同。跨文化的误解说明，交谈者对事物的含义和预设、非语言的环境、非语言的提示等，都是极不相同的。

4.4 数据的描写和分析

4.4.1 定性分析

定性方法的一个重要特点是寻找事物的型式，广义社会语言学中对多语制的研究所采用的就是这种方法。很多国家都有多语制，但有没有一些基本的形式？从 20 世纪 60 年代开始就有人致力于寻找能够反映世界各国的多语制的型式，使用了两种方法：类型学的方法和定性公式的方法。类型学的方法根据一些变量来建立足以区别不同多语制国家的范畴，强调的是国家和民族的历史发展、不同语言在其中的合法地位、占统治地位的民族在国家中的相对作用、语言的发展和相互关系、说不同语言的人口比例等。定性分析则企图把不同的类型归结为一些公式，以揭示一些社会语言学的事实。我们不妨看看 Ferguson（1966）所建立的公式，他首先建立了三个区分民族语言的范畴。一种是主要语言（Lmaj），满足下列三个条件之一，就是主要语言：

- 人口中有 25% 或多于 100 万人把它作为民族语言而使用。
- 它是国家的官方语言。
- 它是 50% 的中学所使用的教学语言。

另一种是小语言（Lmin），它不能满足主要语言的上述条件，但却具有下面的特征之一：

- 人口中有 5% 或多于 10 万人把它作为民族语言而使用。
- 它在小学的后几年被用作教学语言，并用来编写小学课本以及其他教科书。

第三种范畴是不能满足上述条件，但仍有意义的语言，可称为特殊地位的语言（Lspec），例如宗教的语言，在中学里作为一门科目而教授的文学语言，或作为共同语（lingua franca）而使用的语言。

除了这三种范畴外，Ferguson 和 Stewart 分别提出一些类型（type）和功能（function）。Ferguson 提出了五种语言类型：

1. 本地语（Vernacular，V），一个语言社区的非标准化的民族语言。
2. 标准语（Standard，S），标准化的民族语言。
3. 古典语（Classical，C），曾经是作为民族语言的标准语。
4. 混合语（Pidgin，P），由一种语言的词汇和另一种或几种语言的语法结构混合组成的语言。
5. 民族混合语（Creole，K），成为一个语言社区的民族语言的混合语。

这些不同类型的语言可以有以下的一些功能（用小写体英文字母表示）：

1. 群体功能（Group，g），主要用于某一个语言社区的交际，以区别某一个社会文化群体。
2. 官方用途（Official，o），法律上规定在全国范围内作为官方或政府使用的语言。
3. 作为更广泛交际用途的语言（Language of wider communication，w），作为一个国家内民族之间交际用途的共同语。
4. 教育用途（Educational，e），作为小学低年级以外使用的语言，并有用该语言编写的教科书。

5. 宗教用途（Religious，r）。
6. 国际交际用途的语言（International，i），与各个民族进行交往所使用的语言。
7. 学校科目功能（School-subject，s），作为学校的一门科目、而并非作为授课语言而学习的语言。

Ferguson认为，这三类信息可以结合起来形成一条表示乌拉圭的语言状况的公式：

$$3L = 2Lmaj(So, Vg) + 0Lmin + 1Lspec(C)$$

其文字的表达式为："乌拉圭有三种语言，其中两种为主要语言：一种是满足官方功能的标准语（西班牙语），一种是满足群体功能的本地语（Guarani），都不是小语言；但有一种特殊用途的语言：满足宗教功能的古典语言（拉丁语）。"

表 4.7　按属性定义的语言类型

属性					
标准化	**独立性**	**历史性**	**生命力**	**语言类型**	**符号**
+	+	+	+	标准语	S
+	+	+	—	古典语	C
+	+	—	—	人工语	A
—	+	+	+	本地语	V
—	—	+	+	方言	D
—	—	—	+	混合语	K
—	—	—	—	民族混合语	P

除了这个基本的标记系统外，Ferguson还提出三种补充手段，例如用分号来表示语体的高低，所以阿拉伯语在摩洛哥的地位是C:Vorw，意味着"在双语制中，阿拉伯古典语是高变体，而阿拉伯本地语是低变体；官方的、宗教的、广泛交际的功能按双语制的模式分布在两种变体之中（古典语用于官方的、宗教的功能，本地语用于广泛交际的功能）。"另外还使用黑体来表示"在全国占统治地位的"主要语言；用大括号和加号来表示一些包括有几种既不属于主要语言，也不属于小语言或特殊地位的语言的语言集团。

Stewart（1968）还进一步修订了他在1962年所提出的标记系统，在语言类型的定义中加进属性，他提出四种属性，它们的不同组合可以标志出七种语言类型，明显是受到了成分分析法的影响。

1. 标准化，接受一套指定的正确用法的规范，并把它语码化。

2. 独立性，该语言系统的地位是独立的，无须参照另一种语言来讨论它。

3. 历史性，接受该语言变体为一种跨越时间正常发展的语言。

4. 生命力，存在一个使用该语言变体为本族语的非孤立的社区。

然而，这些企图用定性公式来表示语言状况的做法并未被广泛接受，其中的一个原因是应用范围不大，全世界只有 100 到 200 个国家，直接用文字来描述也无不可；更重要的原因是这种定性的归纳不够准确。Fasold（1984）在讨论这个问题时援引了化学元素的发现来说明，即使研究的范围不广，也能使我们对这个范围内的成员作出准确的排列，对原则不断进行精细的修订，使我们对现象的了解更为深入。化学元素的研究在两条原则的基础上进行：一条是自然主义的原则，另一条是预测的原则。

自然主义的原则意味着：研究的对象是一种可观察的现象，科学家的任务是了解它是如何运作的。研究化学元素就是使用这样的方法，不少元素都可在地球上找到。但是在研究社会组织时，自然主义方法就没那么有效。类型学和定性公式都要应用到某一个单位，而所选择的单位往往是民族。民族可以是一个自然形成的社会单位，也可以不是。因为民族的说法比较新，而且有些事实使我们怀疑我们能否应用自然主义的原则，以民族作为单位。在印度就有亚民族的政治单位——邦，可以应用 Ferguson 的公式。在某些国家，尤其是一些岛国里，地理上的差别可以导致完全不同的公式。另一个问题是一些种族集团并非定居在一个国家的范围里。Lapps 族散居在瑞典、挪威、芬兰和俄罗斯，都说 Lippish，他们在这些国家里都是少数民族。按照 Ferguson 的说法，在哪一个国家的公式里都反映不出 Lippish 的地位。自然主义可以把公式的系统同时应用到整个国家、国家的各个部分、跨国家的地区（如印度次大陆、斯堪的纳维亚和伊比利亚半岛）。

自然主义对我们研究与功能有关的领域也有启发，例如官方功能通常都是指经国家的宪法和法律所规定为官方使用的语言，即便在实际上并没有起到这样的功能。但是在印度的 1967 年法律规定以前，英语早就是官方语言；而爱尔兰语虽然已被爱尔兰宪法规定为官方语言，却还没能起到这样的作用。教育语言也有这样的情况，学校当局可以规定一种语言为教育语言，但是实际上教师可能在课堂上使用另一种语言。

预测的原则并非以20世纪60年代的定性公式和类型学为基础；提出这条原则的目的是为了分类和比较。如果我们不需要一条什么组织原则来进行预测，那么可供使用的系统有很多。例如我们只需要一种分类系统来把所有的苹果进行分类，用大小、颜色、产地或其他任何范畴都可以。可是如果分类系统必须和植物学的组织原则相一致，那么可接受的分类范畴就会大大减少。同样，现存的公式和类型学只是按民族来进行语言分类，并且用它来比较各个民族的语言。我们也可以提出很多别的系统来进行语言分类；只要对所有国家都应用同一系统，也可以进行比较。但是只有使用组织原则来进行预测时，我们才有可能谈论正确的或错误的系统，才有可能找到正确的系统。

表 4.8　功能和所需要的社会属性

功能	所需要的社会属性
官方	（1）足够的标准化
	（2）受教育的公民中的干部都知道
民族	（1）对相当部分的人口都是民族认同的象征
	（2）在日常生活中广泛使用
	（3）在国家内被广泛地口头使用
	（4）在国家内并没有其他主要的民族语言可以代替
	（5）作为真实性象征而被接受
	（6）与国家过去的光荣历史有联系
群体	（1）所有成员在日常会话中使用
	（2）团结和分裂的机制
教育（规定的水平）	（1）学生都认识
	（2）足够的教学资源
	（3）足够的标准化
广泛交际	（1）可作为第二语言而“学习”
国际	（1）列在潜在的国际语言的单子上
学校科目	（1）标准化程度等于或超过学习者的语言
宗教	（1）古典语

还有一条似乎并没有指导化学元素研究的原则，也值得一提：连续统原则 (the continuum principle)。定性公式的另一个问题是，所建立的范畴过于呆板，例如“标准化”或“标准语”的概念。一种语言只要是标准化了的，它就是标准语，否则就是本地语。但是标准化有程度之分，Kloss 提出了五种不同程度的标准化。

1. 成熟标准语。所有现代知识都可以在大学里用它来传授。

2. 小群体标准语。虽然已经建立了一些规范，但是使用它的言语社区很小，现代文化难以用它来传授。

3. 年青标准语。在最近才标准化，可用在小学教育里，但还未用在较高级的研究中。

4. 非标准化的字母化语言。并没有词典和语法，但已有文字。

5. 前文字的语言。很少或从未出现文字。

各个国家使用不同的语言来完成语言功能的程度大不相同。

根据上述自然主义、预测性和连续统这三条原则，并接纳了 Stewart 关于社会属性的观点，Fasold 提出一种新的公式系统，将这两个方面纳入考虑中：一是共同的（或接近共同的）语言功能；二是完成该功能的社会语言属性。通过比较一种功能所要求的社会语言属性和语言所赋予的完成该功能的属性，我们就有可能预测该语言完成该功能的成功率。

所谓作出预测就是把语言的属性和功能要求的属性加以比较，如果作为某一用途的语言缺乏所要求的属性，我们就预测它起不到这样的作用。以巴拉圭的 Guarani 语为例：

社会政治组织：巴拉圭

功能：民族语言

语言：Guarani

要求的属性	具有的属性
民族认同的象征	+
在日常生活中广泛使用	+

（待续）

（续表）

要求的属性	具有的属性
在国家内被广泛地口头使用	+
在国家内并没有其他主要的民族语言可以代替	+
作为真实性象征而被接受	+
与国家过去的光荣历史有联系	(+)

Guarani 既然具有所要求的所有属性，我们就可预测它能满足一种民族语言的要求。

4.4.2 相关性研究

相关性研究是广义社会语言学经常采用的另一种研究手段。与定性研究方法不同，相关性研究采用的是定量方法。它把语言范畴和社会范畴看作两个密切联系但又独立的系统。语言范畴指用来传递关于个人物质环境的信息的言语手段，而社会范畴则是这个物质环境的组成部分。相关性研究的出发点是：将这两套独立测量的变量作相关分析，我们就可以看到社会结构和语言结构的系统变化。社会范畴是按其独立于交际过程的社会特征来测量的，它包括社会经济地位（一般由收入、教育、职业所决定）、出生地点、所属的群体、年龄、在评估测试中的态度等。在进行相关分析时，社会范畴是自变量（independent variables），语言范畴是依变量（dependent variables）。例如在下面要介绍到 Labov 的著名的调查里，/r/ 是一个标志社会地位的变量，“如果我们把纽约市的两个亚群体的说话人在一个社会阶层的量表上排列，他们在使用 /r/ 时的差异也是按同一次序排列的”（Labov，1972）。这也就是说，社会地位越高，使用 /r/ 的情况就越多。

20 世纪 50 年代初期在美国就开始有人对语言和社会特征的相互关系作系统观察，主要是研究美国最底层的黑人英语特征。但是 Labov 认为这些调查不够严密，首先是样本的挑选不够系统，其次是要考察的语言特征不够清楚。

Labov 的调查引进了新的方法，首次对言语行为作出准确的、以实际数据为基础的分析，对语言的变异提出了新解释。他的研究特点是：按照定义清楚的社会范畴来选择被调查人（见 4.2.2），区别特定语境的语体，了解语言变量和语言以外的参数之间的相互关系。

Labov 的样本包括了纽约市的各个民族群体（纽约人、意大利人、犹太人、黑人）和不同的社会阶层：中上层（UMC）、中下层（LMC）、上层工人阶级（UWC）和下层工人阶级（LWC）。他就下列几个方面一共访问了 122 个对象：

1. 详细的社会背景资料：关于被访者的收入、职业、出生地、年龄、宗教、母语、个人地位等方面的资料。

2. 词汇：日常生活中常用物体的词语，目的是记录词汇使用的差异。

3. 社会风俗：被访者在何种环境里长大，他参与哪些一般性的社会活动。

4. 句法和语义：言语形式的特殊性的资料；设法让被访者讲一个故事，并对此作语法分析。

5. 发音：朗读，读词汇表、读最小的语音对立的对子（如英语的 god/guard）。

6. 语言规范：在两种不同的语言变体中，让被访者按照他们的意见来决定哪一种是正确的。

7. 言语反应测试：使用反应测试在纽约人中进行言语采样；让他们使用自我评估测试来评估自己所说的话。

8. 语言态度：对纽约以外的语言变体进行评估。

Labov 对每一次的访问都进行了录音。如果其他家庭成员在访问中介入，也对他们（特别是小孩）进行访问。由于技术原因，只能对 33 个被访者进行简短访问，但是在访问中让他们回答了最主要的问题。

Labov 选定了五种特定环境中使用的语体，最后两种（词汇表和最小对立体）其实可以归为一类：词汇表。在调查中，随便的语体的性质较难界定，而且要使用一些技巧才能诱发出来。这五种语体是一个从非正式到正式的连续统。

Labov 根据四条标准来选定语言变量：使用频率很高；不会受到故意压制的影响；能够结合到更大的结构里；能够在线性量表上量化。结果发现有五个变量可以满足上述要求：(oh)，(eh)，(r)，(th)，(dh) 。把这些变量加以量化，就能表示社会、民族和语体的差异，所以我们把这种研究称为相关性研究。如果我们把说话人属于不同的阶层理解为他们使用了不同的社会规范，把他们使用语体上的差异作为不同程度上的言语监察的反映，那么语言变量是在两个维度上产生差异：

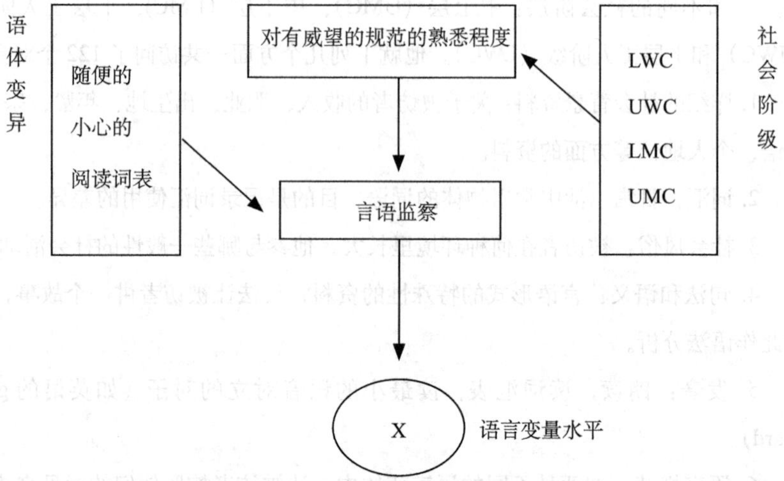

图 4.2　介入语言变量的不同水平

这样，语言变量在两个维度上区别并反映出社会距离和语体功能。例如英语的辅音 /r/ 处于在元音后的位置，如 beer，bare，car，four，moor，moored，board，fire，flower，flowered，有不发音（r-0）和发音（r-1）两种变体。Labov 认为它是社会和语体分层中的一个很敏感的标记。任何两组纽约人在 /r/ 发音上的不同的排列次序和他们在社会阶层的量表上排列的次序是一致的。

Labov 在纽约第五大道的 3 家代表了高、中、低消费水平的百货公司 Saks，Macy's 和 S. Klein 中利用 4.3.2.3 所介绍的方法对售货员进行快速访问，然后把结果分为三类：

（1）只用（r-1），没有（r-0）

（2）有些（r-1），起码有一个（r-1）和一个（r-0）

（3）没有（r-1），只用（r-0）

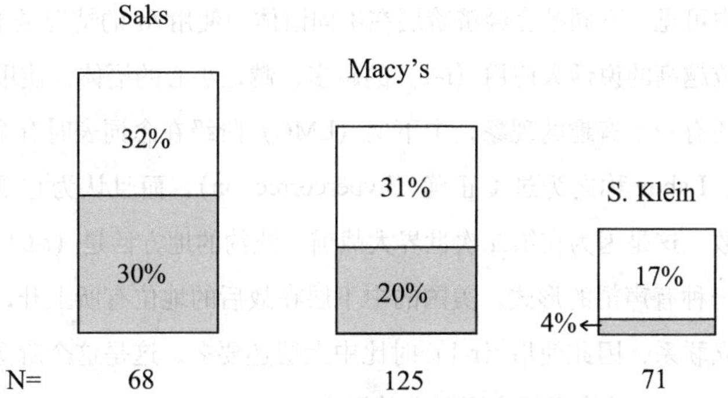

图 4.3　三类用语比例

在图中有阴影区为（1），即只有（r-1）；没有阴影区为（2），即有些（r-1），图中没有表示（3）。由此可见，在高消费水平的Saks里，62%的售货员全部或部分使用（r-1）；在中等消费水平的Macy's里，有51%；在低消费水平的S. Klein里，只有21%。如果我们只看全部使用（r-1），则差别更大，比例为30：20：4。

Labov还进一步调查了纽约市各阶层在不同语体中使用 /r/ 的情况，获得更有意义的发现：

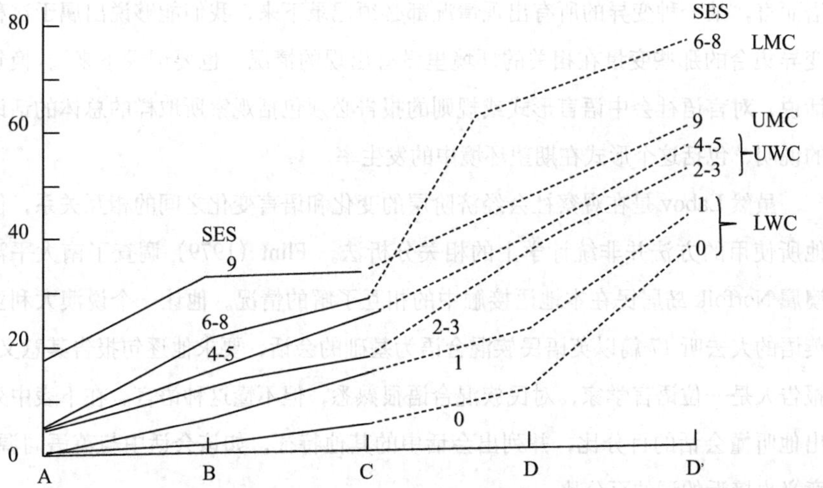

图 4.4　纽约市各阶层使用 /r/ 的情况

从图中可见，不同社会经济阶层在不同语体中使用 /r/ 的情况是不同的：社会经济地位越高的说话人使用（r-1）的越多；越是小心的语体，使用（r-1）的也越多。还有一个有趣的现象，中下层（LMC）阶级在念词表时有个陡坡，上升得最高，Labov 称之为过度正确（hypercorrection），而且认为它是语言变化的可靠指数。这是因为在第二次世界大战前，纽约的地方话是（r-0），（r-1）在战后成为一种有声望的形式。美国的中下层在战后的地位有所上升，急于与这种形式建立联系，因此使用（r-1）时比中上层还要多。这是这个阶层有意识那样做的，Labov 称其为意识水平以上的压力。

Labov 所使用的分析方法实际上是对语言变异的分析。从说话人的角度看，视其社会经济阶层、性别、年龄、教育水平、职业、地区、民族之不同而出现语言使用的差异；就语言本身来说，有语音、语义、句法、语体的差异。甚至同一个人在不同场合也会使用不同的语言变体，这就是语码转换。近二三十年来，这些方面的调查和研究很多，在这里不能一一介绍。但是 Labov 是从语音调查开始的，而且他所提出的说明力原则（the principle of accountability）有很大的方法论意义。这个原则认为分析家不能仅从资料中提取那些符合自己观点的语言变异情况，而忽略那些不符合自己观点的情况。“就所考察的那部分言语而言，某一种变异的所有出现情况都必须记录下来，我们能够说出属于这种变异集合的那些变量在相关的环境里没有出现的情况，也要记录下来”。换句话说，对言语社会中语言形式或规则的报告必须包括观察所取样的总体的话语的说明，包括这个形式在期望环境中的发生率。

虽然 Labov 是在观察社会经济阶层的变化和语言变化之间的相互关系，但他所使用的方法并非统计学上的相关分析法。 Flint（1979）调查了南太平洋澳属 Norfolk 岛居民在本地语接触中的相互了解的情况。他让一个说澳大利亚英语的人去听 17 篇以英语民族混合语为基础的会话，要求他逐句报告其意义。报告人是一位语言学家，对民族混合语很熟悉，但不懂这种语言。在下表中列出他听懂会话的百分比，并列出会话中的其他特征，如该会话中与英语同源、意义也接近的词的百分比。

表 4.9 听懂的百分比和会话特征的百分比的相关

会话编号	听懂的百分比	英语同源词的百分比
9	79.7	93.9
11	79.1	95.5
17	75.5	94.3
12	74.9	97.8
16	68.9	87.3
13	65.5	93.5
15	62.5	92.0
7	60.2	95.3
9	59.1	87.7
10	58.8	93.6
5	56.0	85.9
4	55.5	91.0
3	53.4	84.6
8	50.4	90.5
6	43.6	85.5
2	34.1	90.6
1	32.5	89.5

用统计学方法求出两组数据的相关系数（r）为 0.544[1]，说明它们具有中等程度的相关。相关系数的乘方（r^2）是表示所测量的两组数据共同享有的方差的统计量，在这里意味着在 Norfolk 岛居民的会话里，英语词的百分比可以解释互相了解程度的 29.6% 的方差。

4.4.3 交互作用分析

交互作用分析法的出发点是社会中的交际活动不是一些毫无区别的话语字

1 这里使用了统计学中的积差相关系数，具体的公式请参看《语言学方法论：实验方法》中的 3.5.2 小节。

符串，而是各种各样语言事件。它们有不同的范围，表示不同的行为规范（包括使用不同的语体）。因此对这些交际活动的描写必须列举一个社区里对其语言事件的分类，列举作为这些事件的开始和结束的标记的性质，列举区分不同事件的特征。

每一个语言事件都有其开始和终结。一个事件结束后，可向另一个事件转移，或导致交际的中止。电话中的会话以呼叫开始，以挂上电话而结束；一个故事的开始是"从前……"，结束是"从此以后……"；祈祷的开始是"让我们祈祷……"，结束是"阿门"；正式讲话的开始是"各位……"，结束是"谢谢！"事件的界限有时可用（或辅以）脸部表情、音调的高低、一个事件和另一个事件之间的身体移动或一小段沉默来表示。最明显的界限是语码转换，或刚好碰上话题的或交谈者的改变。

交际有其规范，违反了这些规范就会引起他人的反感或不安。在音乐会上演奏未结束就鼓掌，说明对事件的结束有不同的看法；在奏序曲时私语，表示说话人并不认为音乐已经开始。

4.4.3.1 交际的组成部分

我们可以首先分析一个交际事件的组成部分：

1. 场景（Scene）。也就是背景，它包括类型（genre），话题（topic），目的或功能（purpose / function）。场景是事件的外部环境，只有它可被直接观察。有时观察者往往会忽略不属于自己文化的背景细节，例如在日本，椅子的相对高度对了解事件的意义至关重要；而在英国的课室里，把课桌排成直线和圆形意味着正式程度的不同。

在场景中的事件类型有很多，如讲故事、演讲、开玩笑、问候、讨论问题等。在一天的什么时间、一个星期的哪一天、一年的哪个季节说话都会影响语言形式的选择，某些类型只适宜于在某些时间使用，Navajo 人只在冬天讨论动物冬眠，而犹太正教徒在星期天不能讨论世俗事务。时间和地点都会影响问候的含义，中国人的"吃了饭没有？"也是一种问的方式，但只能在某些时间说。

场景的有些部分不能被完全地直接观察到，例如一些自然现象（星星和月亮，打雷和闪电）对不同民族有不同含义，各个民族的风俗习惯和信念也不同。

关于场景需要回答下列问题：

- 它是什么类型的交际事件？这个交际事件是关于什么的？它为什么会发生？它在什么时间和地点发生？它的背景像什么？
- 人们是怎样组织空间（如排列、圆圈、围着桌子、在房间的中间、围着圆周）以达到不同的目的？人们有些什么地理空间概念、认识和信念？东南西北那样的方向对他们有什么意义？不同的方向和地点（如天上、埋头向西走、主人在吃饭时对着门口坐）对他们有什么意义？
- 人们对时间有些什么信念和价值观？和时间相联系的有些什么特定的行为和禁忌（如夏天不要唱歌以防蛇咬，太阳下山后不要讲故事）？
- 什么东西是神圣的？什么是世俗的？哪些信念、行为、禁忌是和自然现象相联系的？
- 人们怎样度假和庆祝节日？其目的（如政治、宗教、季节、教育）是什么？哪些行为被当作“工作”？哪些是“娱乐”？
- 哪些穿着是“典型的”？在特殊的场合穿些什么？
- 参加仪式有些什么样的外部标志（如穿着、在皮肤上作标记）？

2. 基调（Key）。基调说明完成一件行为所使用的调子、方式和情绪。基调往往可以对照，如：取笑和认真、真诚和讽刺、友善和敌意、同情和威胁、马虎和苦干等。对类型来说，基调往往是多余的，如开玩笑是可笑的，慰问是同情的；但也不一定，如用讽刺的基调来开玩笑，带有恐吓性的慰问。某一种基调可以首先和某一种语言使用功能、某一种交谈者的身份关系、某一种消息的形式和内容相联系。

基调之所以重要是因为它是一个独立于其他交际事件的变量，当交际事件的各个组成部分发生冲突时，基调可以压倒其他成分，例如用讽刺的口吻来恭维别人，讽刺的基调会压倒消息的形式和内容，传递了另一种交谈者的关系。

传递基调的方式是多样的，可以通过语言或变体的选择，可以通过非言语的信号（如眨眼和身势），可以通过伴语言特征（如送气的程度），也可以综合使用这些手段。

基调具有文化内涵，必须按照本地人的理解来解释。另外，由于基调有一种压倒其他成分的作用，所以在分析交际事件时，必须首先注意。

3. 参加者（Participants）。参加者的年龄、性别、民族、社会地位和其他有关的因素，他们的相互关系是交际事件的重要组成部分，所要回答的问题是："谁在参加交际事件的活动？"我们所要描写的不仅是那些看得到的特征，还要提供参加者在家庭或其他社会组织中的地位和身份的背景知识。参加者包括说话人和听话人，他们在言语活动中保持着一种社会身份的关系，如父/子、夫/妻、师/生、友/友、上级/下级、牧师/教友、顾客/售货员、乘客/售票员等。这种关系并不稳定，师/生关系很容易变为友/友关系，要表示这种关系的改变就要改变说话的方式。最初外语学习者只学到一种表达方式，不管是对小孩还是成人、售货员还是教授、朋友还是官员，如果都用这种方式的话，常会闹笑话。

关于参加者需要回答下列问题：

- 在"家庭"里有谁？谁是住在一间房子里面的？在家里谁最有权威，谁次之？每个家庭成员分别有哪些权利和责任？家庭在更大的社会组织里有哪些作用和义务？
- 生命中各个阶段、时期、过渡是按什么范畴来定义的？在生命周期的不同阶段里对个人有什么样的态度、期望和行为？哪一个阶段最有价值？哪一个阶段最"困难"？
- 谁对谁有权力？一个人能够强加于别人的程度有多大？用什么手段？
- 社会控制的手段是否视生命周期的不同阶段以及所属社会范畴的不同而有所变化？或按照环境或犯法行为的不同而有所变化？
- 群体里每个人各具有什么身份？他们是怎样获得这些身份的？有哪些身份具有特别善意或恶意的特征？

下面是关于参加者和语言、文化的关系所需要回答的一些问题：

- 语言怎样和生命周期相联系？语言使用在定义社会标志和身份中是否占重要位置？
- 人们在不同的身份关系中怎样称呼对方？怎样表示尊重？怎样表示侮辱？
- 谁可以不赞成谁的意见？在什么情况下可以这样做？
- "很会说话"的特征怎样和年龄、性别及其他社会因素相联系？说话能力、识字、写作能力怎样和一个人在社会中的成就相联系？

- 有哪些身份、态度和性格特征与特定的说话方式相联系？
- 谁可以对谁说话？在什么时候？在什么地方？谈论什么内容？
- 语言在社会控制中有哪些作用？使用什么变体？在多语制社会里，使用第一语言和使用第二语言有哪些不同的作用？

关于谁能参加交际事件的看法也有文化内涵，而且不限于人类。西方人往往认为他们可以和自己的宠物交谈。

4. 消息形式（Message Form）。在研究各种社会、文化和环境对交际行为的制约时，言语和非言语的语码对交际事件中的消息形式、消息内容和活动次序有重要影响，每一种语码都是通过有声或无声的信道来传递的。言语和非言语、有声和无声形成了四向的关系，可表示为下图：

表 4.10　语码和信道的四向关系

		信道	
		有声	无声
语	言语	口语	书面语 （聋哑人）手势语 口哨 / 鼓点语 摩尔斯电码
码	非言语	伴随语言和韵律特征 笑声	沉默 身势语 近体语 眼睛接触 图画与卡通

对言语性语码的描写通常限于口语和书面语，但是其他言语交际方式也颇为广泛，有些地方使用口哨和鼓点来进行交际，在船只之间也可用电报码和旗语。另一种言语 / 无声的交际方式是各个社会都有供聋哑人使用的手势语，在手势语中还伴有一些非言语的方式，如面部表情、眼睛接触等。

在语言学中，沉默常被人忽略（除了作为话语分界）。Saville-Troike（1989）指出，沉默有两种：一种是有意义而无命题内容的沉默，包括在轮流说话时的沉默和停顿。这可以说是沉默的韵律作用。这些无命题内容的沉默可以是有意或无意的，具有各种不同意义。它所传递的意义往往带有情感，强调的是意义的外延，而非内涵。这些意义属符号性，往往约定俗成。另一种是完全依赖邻近声音赋予意义，本身具有施为作用（illocutionary force），可称为沉默交际行为。这些行为有命题内容，它们包括手势；但也可只有沉默，而无任何可见提示。甚至在不可能有可见信号的电话交谈里，对那些要求有言语反应的祝贺、提问、请求而作出沉默的反应，都有其命题内容。正如人们可以念念有词但却不说什么话，也可以不念词而说话。沉默也是一种“言语”行为，起到其他言语行为所能起的作用。要研究沉默的交际行为，可观察沉默是怎样具有语法和词汇意义以取代话语中的不同成分，例如在课堂里，教师不问“这是什么？”而说“这是______？”和新朋友相交，用“你的名字是______？”来代替“怎样称呼你？”当话题比较微妙，或要说的话是禁忌的，或说话时过于激动，说话人“说不出话来”，话语往往以沉默结束。用沉默来表示不同意或反对，是一种较客气的表现。在一些宗教仪式里，往往需要对整个交际事件都保持沉默。

从方法论角度看，对不熟悉文化的描写往往忽略了沉默，因为有些语言学家对沉默持否定态度。Saville-Troike 认为，我们必须对沉默具有一种“元意识”(meta-awareness)，注意各种可能出现的沉默，而且对它们的解释要特别小心。

和沉默类似的另一种现象是“后信道”（backchannel）信号，它包括听话人在交往中的各种反应，例如英语中的非言语的声音：mm，hm；言语的声音：yeah, I see；无声的点头和身体移动。这些信号有不同示意：消极的承认、积极的鼓励、希望转换话题或轮到对方说话。笑声也常为人忽略，但是它和事件类型、话题、基调和其他成分相联系，也有不同的型式。

在描写像身势语和面部表情这样的非言语 / 无声的行为时，应注意（a）身体的哪一个部分在移动或处于显著位置；(b）移动的方向以及它和非显著状态有什么不同；(c）移动的范围。

5. 消息内容（Message Content)。消息形式和消息内容互相联系，紧密不可分。消息内容指所谈论的是什么交际内容，所传递的是什么意思。例如：

甲：听说有 4 个乡亲明天会到我们家来，但是我们住得太挤，没有地方安排。(隐含的请求是“你能帮个忙吗？”)

乙：[沉默，面部没有任何明显的表情]（隐含着拒绝："我也无能为力。"）

甲的话和乙的沉默都是消息形式，而隐含的意思则是消息内容。在面对面交际里，我们不但从言语的和非言语的消息形式和消息内容中获取意思，而且也根据超语言环境和参加者带进交际事件的信息和期望来推断意思。这些因素都是同时处理的，我们很难再把它们分开分析。为了观察非言语因素在交际中的作用，Saville-Troike 主张研究互相不懂对方言语的交际事件，下面是一个刚到美国的中国小孩儿（P1）和一个不懂汉语的美国托儿所教师（P2）的交际例子：

（a）P1：我的鞋带断了。

P2：Here you go.（好啦）[她把鞋带打个结]

（b）[P1 拿着一个破了的气球]

P1：看，看。我这没了。看，看。

P2：Oh, it popped, didn't it? All gone.（哦，爆了，是吗？都没了。）

（c）[P1 在看着洗涤槽里的水]

P1：怎么这个水都不会流啊？

P2：It fills up, uh huh. It doesn't drain out very fast, does it?

（哎哟，都满啦。水流得不是很快，是吗？）

从以上几个例子可看出，因为有具体的对象和一个双方注意力都能集中的特殊条件，大家很容易相互理解。P2 处于这些外部环境中，再加上长期接触小孩儿的经验使她能够预测出小孩儿在该环境里会说些什么，故能对 P1 说的话作出合适的反应。在下面一个语义不很连贯的例子里还可看出期望的重要性，老师把一幅狗的图画给小孩儿看，她期望他们会根据自己已有的经验讨论狗，因此她就以为 P1 的话是关于他自己的狗，他在用手势比画狗的大小。但是 P1 说的却是恐龙，摆手只是说明地理结构。教师在这里推断不出消息内容，因为它超出了她关于托儿所小孩儿会谈些什么的"期望结构"：

P1：恐龙好久，好久。恐龙现在已经变成煤矿啦。

P2：Do you have a dog with you?（你有一条狗吗？）

P1：很深噢。一拨一拨一拨的。本来在这边。地势这样起来。挪到这边。

[P1 平面摆手，以说明地势]

P1：恐龙在这边。

P2：Oh, growing big.（噢，长大了。）

上述例子说明，成功的交际依赖于正确传递和理解消息内容，而成功的交际实际上有程度之分。就共享话题和了解对方意图而言，前三个都是成功的例子，而后一个是失败的例子。虽然这些例子说明缺乏共同的语码，在某些可高度预测的环境里，消息内容仍然可以传递，但也有不少例子显示，由于没有共享的语际知识和期望，就算说同一种语言，仍会出现人们误解消息内容的情况。

6. 活动次序（Action Sequence）。活动次序指的是一个言语事件中交际活动的先后次序。在这个次序里，一个参加者的活动后面跟着另一个活动，前一个活动为后一个活动建立环境，而后一个活动确认前一个活动的意义。在一些诸如祝贺、赞扬、吊唁的仪式里，活动次序是比较严格的，但在会话里则比较自由。

在描写活动次序时，我们通常按照功能来表示交际活动，附以典型的消息形式和消息内容，例如 Tsuda（1984）在观察了日本的 23 个上门推销商品的案例后，找出一个典型的型式：

P1（推销员）：问候。

对不起。（原为日文，这里只给出汉语意思。下同）

P2（主妇）：确认。

你说。

P1：表明身份。

对不起。我是 J 公司的。是的，J 公司。

P2：询问来访目的。

你找我干什么？

P1：告诉目的。

太太，您知道那电视广告吗？那个既能缝厚的，又能缝薄的……

P2：表示感 / 不感兴趣。

哦，缝纫机。我们家里已经有一台了。

在这个层面上的概括不但可以显示规则的型式，而且还可以让我们进行跨文化的比较。就以上门推销为例，日本和美国基本上是一样的，但在形式和内容上有一些显著差异，推销员在美国通常是先介绍自己的名字，不像日本的推销员那样先介绍自己的公司。

7. 交往规则（Rules for Interaction）。这一部分对在交际事件中言语的使用规则作出解释。这里所说的规则指的是一些描写性的陈述，以说明人们怎样按照他们在社区中共享的价值观行事以及他们认为应该怎样做。这些规则也可进一步描写一些典型的行为，但不一定非要这样做。这些规则可以体现为格言、成语或准则，但是也可以无意识地执行。对交往规则的认识往往是因为它们被人违反了，或引起了一些“不礼貌”或“古怪”的感觉。例如会话中的轮流说话的规则如下：

（a）正在说话的人对谁说话，就轮到谁说话。

（b）谁先说话，就轮到谁说话。

（c）如果正在说话的人在别人说话前自己接着说话，就论到他说话。

这三条规则是有先后次序的，（a）要优先于（b），而（b）又优先于（c）。如果甲正在对乙说话，就该乙说话，丙不能抢先说话。

Wolfson（1980, 1981）对美国英语中说恭维话作过有趣的研究，她认为说恭维话具有一种加强说话人和听话人团结的社会功能，而且有规律可循。根据她对约 700 个恭维话的语料的调查，有 23% 用 nice，有 19% 用 good，用 beautiful，pretty 和 great 的各占 5%，所以这 5 个形容词约占 2/3。就句型而言，最常用的只有三种：

[is]
（a）NP (really) ADJ
[looks]

[like]
（b）I (really) NP
[love]

（c）PRO is (really) (a) ADJ NP

（a）占 53.6%，（b）占 16.1%，（c）占 14.9%，三者共占约 85% 。因此她不得不下这样的结论：美国英语的恭维话的显著特征是几乎完全缺乏创造性。

8. 解释规范（Norms of Interpretation）。解释规范提供所有其他了解交际事件所需的关于言语社区及其文化的信息。把它称为解释规范是因为它们是言语社区成员共享的标准，例如马里的一个Bambara村民在集会上为自己的观点辩护必须使用直接引语（简明扼要），而表示反对就必须用间接引语（谜语和寓言）。

4.4.3.2 交际事件的分析

分析交际事件的部分任务是了解在一个特定的言语社区里，有哪些组成部分是起决定作用的。在第一个阶段，我们使用一个框架来收集数据，找出哪些数据被本地人认为是有意义的差别。最简单的框架多少有点像结构语言学那样，使用“最小对立体”来进行比较，例如在了解问候的言语事件时，调查者可以注意和记录几种不同的问候方式，然后从消息形式、内容、参加者、基调和场景等方面加以比较，然后再向参与交际活动的人询问，看他们是否也认为各种问候方式在含义上有所不同。调查者还可以让整个框架作为常量，只作最小的改变，以了解它对交际行为有些什么影响。例如：如果一个参加者比别人的年龄都要大，问候方式会怎样？如果一个参加者是男性，另一个是女性，又会怎样？如果一个妇女带着面纱，会不会有所不同？如果不是在早上，而是在晚上，或不是在房子里面，而是在街上，会不会又有所不同？

另一种更为复杂的发现程序是要求资料提供人扮演角色，让他设想自己处于某一特定的环境里，然后由调查者观察其行为有哪些不同。扮演角色所产生的往往是“理想化”或型式化的行为，必须在自然观察中加以验证才能有效。Laughlin（1980）在墨西哥Chiapas的一个马亚人的社区收集关于交际环境的数据，发现村落里喜欢闲聊一些与偷情和私奔相关的话题，但他却难以就这样的内容对女孩子进行提问，更难以直接参与。后来他想出一条妙计，给他的资料提供人三个题目，让他提供场景并假想一个男子和他女友的对话，于是他就收集了“想象中的勾引女孩子”，“想象中的已婚男子勾引寡妇”和“想象中的酒徒勾引女孩子”的资料。

根据框架来进行分析仅是第一步，合理的分析必须跳出静态的框架，进一步考虑使用交互式模型的框架，即动态的“图式”或上文提到的“期望结构”。这种方法认为，人们并非作为天真的、空白的容器去接近世界，把什么东西都作为独立和客观的物体来接受，他们都是经验丰富的感受能手，存储了很多知识，可以根据自己先前的经验和对事物之间相互关系的理解来对待世界上的各种事物。这些先前的经验表现为对客观世界的各种期望；客观世界在大多数情况下也是有组织的，能够确认这些期望。这样我们就不需要对每件事都从头开始观察。

这样，我们必须了解说话人所使用的是什么框架，他们是怎样把期望和语言活动联系起来的，他们使用什么图式和交互过程去对待共享的文化经验，才能达到解释交际能力的目的。但是用什么方法去收集和分析这些信息却是一件富有挑战性的工作。

有的人（如 Chafe，1980；Tannen，1981）采取的方法是把同一部纪录片放给 10 个不同国家的调查对象看，然后要求他们描写纪录片中的内容，再根据他们在复述中组织事物的方式来推断“期望结构”是怎样受文化影响的。各种交际场合的纪录片和照片都可以用来向参加者提取他们对这些场合的解释。另一个方法是让所调查的群体中的一个成员来执镜拍摄，因为拍摄者总要选择镜头和取景，这样就可以了解到他的焦点所在。

Saville-Troike 组织了美国乔治城大学和伊利诺伊大学的一些外国留学生来根据上述的框架描述他们本国的一些交际事件，下面是几个案例：

1. 操 Bambara 语者在马里的一个传统村落集会上的交际事件

话题：怎样防止动物侵犯庄园

功能 / 目的：作出管理村落生活的决策

场景：假定是正午烈日炎炎，在树阴下举行

假定是下午或黄昏，在村公共集会处举行

基调：严肃

参加者：村里所有男性居民

P1：酋长

P2：传令官

P3：活跃居民（45 岁以上）

P4：半活跃居民（21—45岁）

P5：不活跃居民（14—20岁）

消息形式： Bambara 口语

P2 大声说话；其他人用温和的声调

活动次序：

第一步：P1 念议事日程

第二步：P2 向大众宣布议事日程

第三步：P3（其中一个）请求发言

第四步：P2 把要求转达给 P1

第五步：P1 同意或拒绝请求

第六步：P2 把同意或拒绝请求转达给 P3

第七步：P3 提出意见（如果 P1 同意）

第八步：P2 把意见转达给 P1 和大众

（当轮到活跃居民 P3 发言时，重复第三步至第八步的活动程序）

P1 总结讨论情况，提出建议

P2 把总结和建议传递给大众

交往规则：

只能有一个活跃分子（45岁以上）说话

可以向半活跃分子（21—45岁）征求意见，但他们不能主动说话

每个说话人必须向酋长请示，得到允许后再发言

酋长和其他参加者不能直接交谈；传令官把酋长的话转达给大众，或把一个人的发言转达给酋长和大众

为了影响别人或显示自己的重要性，活跃居民必须轮流发言

解释规范：

直接引语（简明扼要）意味着说话人在为一个观点辩护

间接引语（谜语和寓言）意味着说话人反对一个观点

集会中的人是严肃的

传令官不一定是严肃的

2. 在象牙海岸的操 Abbey 语者问候的交际事件，这个例子说明性别和年龄

的不同会产生一些变异，主要是体现为活动次序的不同。问候的背景对内容和次序也会产生差异，但在下面的这个例子里，这个成分是一个常量：

功能 / 目的：在访问的开始，重新确认参加者的友好关系

背景：私人住宅

基调：友善

参加者：

P1：住宅主人

P2：来访客人

变量条件

A. P1 和 P2 都是成年男性，或 P1 为男性，P2 为女性

B. P1 为女性，P2 为男性

C. P1 为小孩儿，P2 为成年人

D. 同时来了几个客人

活动次序：

条件 A

第一步：问候和回应

P2 问候

P1 接受问候

P1 给 P2 找椅子（如果找不到，就会使问候的次序有一个长时期的停顿）

第二步：请坐与致意

P1 给 P2 一张椅子

P2 致意

第三步：打听消息与回应

P1 和 P2 坐下

P1 向 P2 打听消息

P2 给予标准的公式化的回应

条件 B

第一步和第二步与条件 A 相同

P1匆忙地找寻最接近她的男子去完成问候次序

如果找不到，她就违反规则，道歉，通过“打听消息”来完成问候次序

条件C

如果P1是一个年纪小的孩子，则不需要问候；P2让P1去叫其父母

如果P1是一个年纪大的孩子，可在找父母前完成第一步和第二步

条件D

客人中最年轻的成年人负责传递消息

在第三步，P1直接和这一群人中指定传递消息的人交谈；这个人必须和其他人商量后再作回答

交往规则：

十岁以上的小孩儿都有“权”接受问候

朋友之间的问候次序没有严格要求，但是一个总是首先问候的女性可能会被人看不起。

解释规范：

如果第一步和第二步被略去，或次序有所改变，P1和P2之间的关系就不大正常

“打听消息”是问候的一部分，并非访问的目的

打听到消息以后，P2才会说出访问的实际原因（开始另一个言语事件）

3. 日本的求婚，一个只包括一句话的交际事件

功能/目的：

宣布结婚意图

建立或发展合适的身份关系

基调：严肃

参加者：

P1：年轻成年男性

P2：年轻成年女性

消息形式：

言语——口头日语；沉默

非言语——身势语；眼睛注视

消息内容和次序：

P1 拿着 P2 的手（非必要的）

看着 P2

说“请嫁给我”

P2 低着头

沉默

交往规则：

男子必须向女子求婚

在感情处于高潮时应保持沉默

女子的头应低垂，她眼睛注视的方向应低于男子的注视方向

解释规范：

男子是一家之主，应主动求婚。这个习惯来自早期的日本神话，当妇女之神和男子之神结婚时，是妇女之神首先提出，可是他们婚后只能生育像虫子那样的邪恶之物，所以他们再结一次婚，这次由男子之神提出，婚姻成功，生育了一个叫作“日本”的国家。习惯保存至今，大家认为这个规矩不能被破坏。

人们还相信，当一件事用词语来表达（口头或书面）时，其真正的本质就会丧失。在父母去世，儿子通过大学入学考试，或看见一些特别美丽的东西时，都应保持沉默。有一首著名的诗歌，开始是“哦，松岛……”，诗人被海岛的美丽所吸引，无法继续。该诗为经典之作。

结婚是女子生命的高潮和主要目标。求婚如此重要，最合适的反应是沉默。低首和目光向下是谦虚的表现，而谦虚乃女子的一种珍贵的德行。这种反应是一个年轻男子所期望的，使他确认自己要娶的正是这个女子，他们未来的生活将会是平静的，而他会是一家之主。其实他不是在向她提问并要求她回答，他是在宣布他要娶她的决定。

4. 在美国的中国留学生请人到家里吃饭的交际事件

功能/目的：

增加友谊

对别人的帮忙表示感谢

背景：

P2 在大学的办公室，下午五时

基调：

友善而随便

参加者：

P1：中国研究生，男性

P2：中国研究生，男性

P1 和 P2 来自中国的同一个城市，通过亲戚介绍而认识

P2 最近回国作短期访问，帮 P1 的父母给 P1 带回一些东西

消息形式：

标准汉语口语，普通话

随便的语体，在话语中插入感叹语；升调和降调

头部动作（点头、摇头）；面部表情

内容和次序：（由几步组成）

第一步：问候

P1 问候

P2 接受问候

请坐

还以问候

第二步：邀请

P1 提示他想请 P2 做件事

停顿，看 P2 的反应（面部表情）

邀请到他家吃饭

P2 拒绝邀请（惊异感，皱眉头）

P1 坚持要求对方接受

P2 间接接受（面部表情说明他无别的选择）

P1 一再表示邀请的诚意；商定具体时间

P2 同意该时间；表示感谢

P1 一再说明是便饭

第三步：结束

P1 确认时间

找一个离去的借口

P2 对 P1 一再表示感谢

临别致意

P1 临别致意

交往规则：

请客的人应坚持两到三次，但应视被请人的反应而有所控制。

在接受邀请前应拒绝两到三次：首先谦虚地拒绝，然后间接地接受。

通过面部表情来表示不想接受，然后因为无他选择而接受。

解释规范：

在中国，请吃饭是一件重要的社交活动，有两重功能：(a) 增加社会联系；(b) 表示感谢或表示想请人帮忙。

请客的人按照他观察到被请人的面部表情和话语的措辞及音调而决定坚持邀请的程度。

如果被请的人的面部表情是犹疑和冷淡，或是直接说“不”，或是找到一个很好的借口，请客的人就不要再坚持了。

接受邀请的方式反映一个人的态度和自律：先是谦虚地拒绝，然后间接地、带有沉思地接受，这被认为是有礼貌的、态度良好的、周到的举动；反之就是没有礼貌的、态度不好的。

以上的分析仅是一些个案记录，基本上是描写性的，并不说明所描写的事件就是规律性的。如果要得到规律性的结论，那就必须有较多的人对同一事件进行描述和概括，看结果是否一致。

4.4.4 数据的形式化描写

从 Labov 开始，社会语言学家在语言数据的描写方面采取了形式化手段，一个原因是受 Chomsky 语言学的影响，另一个原因是社会语言学家认为语言变异和社会的关系应该上升为规则，而且只有经过形式化处理才有可能实现计算机人工智能的前景。这是社会语言学和人类语言学的差别之一。社会语言学企图用变量规则（variable rules）来反映在社会各个因素的作用下语言变化的规律。

按照 Labov 等人的看法，描写语言数据有三种不同类型的规则：

1. 绝对的规则（categorical rules），亦称不变的规则（invariant rules），大部分规则均属于这种类型。这些规则不会被违反，因此也很难去定义。它们对说话人来说，是“无形的”：当说话人听到违反了绝对规则的句子，他们很难解释“这样说究竟是什么意思”，他们的反应是“你在 × × 语里不能这样说。”

2. 半绝对的规则（semi-categorical rules）。这类规则是可以违反的，可解释为“也可这样说”。虽然它们的使用频率并不高（如增加表现力、赋予感情色彩、提高修辞效果），但还算是语言的潜在表达方式，足以引起人们的注意。人们对这些说法的反应是“他真是这样说的吗？”

3. 变量规则。第三种类型的规则是个别话语不能违背。它们是分析家经过调查才发现的。听话人仅是潜意识地感知这些规则，并根据使用规则的情况提供关于说话人信息（如性别、受教育的情况、来自何处）。一般来说，说话人不能直接说明这些规则。

4.4.4.1 变量规则

由此可见，提出变量规则的出发点是反对把任何语言规则都说成是绝对的规则，认为语言的使用存在着有规律的变异，没有这些语言和语体的变换，就不可能有交际。Labov 虽然不赞成生成语法那种过于依赖个人的做法，但是他所提出的变量规则却是基于 Chomsky 在 1965 年提出的生成转换语法的模型。换句话说，他认为每一个句子都有其深层结构，要经过转换才能变为表层结构。

John *run/runs* every day.

在标准英语里，有一条关于数的一致性的规则，所以要用 runs。但在英语的一些变体里，这条规则却不是绝对的，既可以用 runs，也可以用 run。不过这条规则的使用与否，也并非任意性的。相反，这条规则的应用及其应用的频率在很大程度上是这个变量（数的一致性）的语境和言语的环境（说话人的地区和社会来源）的函数。因此我们会发现，虽然实现数的一致性的条件得以满足，但由于言语的环境不同，这条规则可能在一种场合实现了 75%，而在另一种场合却只能实现 10% 。这意味着实现这条规则的趋势应该体现在规则的形式标记上面，因为这也是说话人的语言能力的一部分，他知道“哪种频率在什么场合是合适的。”这样我们就可用 0 到 1 的数字把每一种环境范畴和语法的每一条有选择性的规则联系起来。数字表示的是规则应用的概率，这个概率是一个语言变量的语境和各种语言外部的参数（如说话人的年龄、社会地位等）的函数。

设 p 为一条规则在某一语言环境的应用概率，就有：

$$p = p_0 \times \alpha \times \beta \times, \cdots, + \omega \qquad (4.1)$$

p_0 代表说话人的个别特征（如地区、社会、环境、语体等）所产生的概率值，而 α，β，…，ω 则是一些数值，表示变量的语言环境中的那些特征的影响。如果将这些特征表示为 A，B，…，Z，那么 p 可以表示为：

$$p = p_0 \times \alpha(A) \times \beta(B) \times, \cdots, + \omega(Z) \qquad (4.2)$$

即和特征 A，B，…，Z，相关的参数 α，β，…，ω 的数值所产生的应用规则的概率。而不应用规则的概率就是：

$$1 - p = (1 - p_0) \times (1 - \alpha(A)) \times (1 - \beta(B)) \times, \cdots, \times (1 - \omega(Z)) \qquad (4.3)$$

在下面我们以语音为例，说明标记变量规则的结构的方法，这种方法也可用到句法分析：

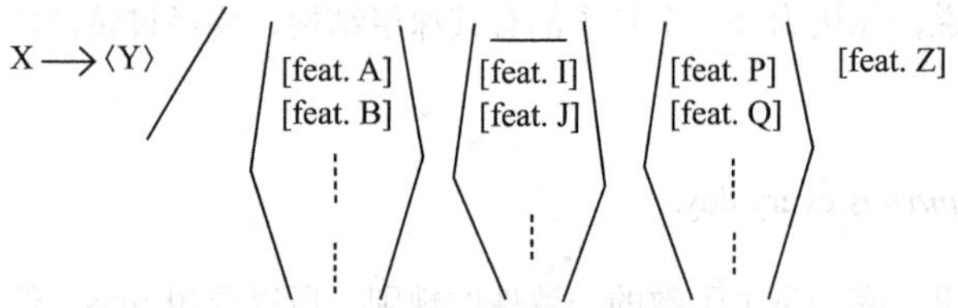

图 4.5　语音标记变量规则

根据变量约束（由大的尖括号表示）的数量权重的情况，X 可为 Y 所代替。每一对括号都包括一些特征，在结构的描写中占有相当的位置。括号的 > 和 < 相当于“多”与“少”，特征 Z 在方括号内，表示强制的特征，即规则的使用是强制性的。对由尖括号所表示的位置（前或后）来说，括号内清单所列的特征是互相排斥的，即在输入的字符串里，只能有一个特征。每一个特征只表示位置的一种可能性。

我们可以从语音、句法和语篇的不同角度来看数据的形式化处理。

4.4.4.2 语音

根据 Wolfram（1969）在底特律对黑人英语的调查，美国非标准黑人英语在过去时态后缀和辅音丛的发音中常有简化现象，在英语中以 -t 和 -d 结尾的辅音丛如 bold，find 和 fist，在非标准黑人英语中常念成 bol’，fin’ 和 fis’。问题在于，这是辅音丛的简化？还是黑人英语中根本就少了最后的辅音？ Labov 等人是这样考虑问题的：

1. 没有哪个人从不使用这些辅音丛，也没有哪个人总是保留这些辅音丛，所以这是内在的差异。

2. 对每一个人和每一个群体来说，第二个辅音的省略通常发生在接着的词由辅音开始的情况。

3. 没有或很少有过度正确的情况。也就是说，错误的词类不会出现后面的 -t 或 -d，例如 mole 不会被念成 mold，lip 不会被念成 lipt。

这几点说明在 act，bold，find 这些底层结构里存在着完整的辅音丛，只不过有一条变量规则把第二个辅音省掉了。下面的这条规则覆盖了以上情况：

$$t, d \rightarrow (\varnothing)/C \text{——} \#\# (\sim V) \quad (4.4)$$

这条规则的意思是：如果下一个词并非由元音开始，那么在一个辅音之后和一个词的界限之前的 t 和 d 可以有选择地略去。实际上很多中产阶级都说 firs' thing 和 las' month，而不说 firs' of all 和 las' October。但是这条规则没有概括 (b)，而在非标准黑人英语中，甚至在下一个词是由元音开始时，仍有 30% 到 50% 的情况是略去第二个辅音的。因此规则里应该反映这种情况，故规则可补充为：

$$t, d \rightarrow (\varnothing) \text{——} \#\# \alpha (\sim V) \quad (4.5)$$

α 视后面的环境有没有元音而取正值或负值。但是非标准黑人英语中过去时态的后缀，也有同样简化辅音丛的情况，所以这条规则还要进一步补充。这里仅说明形成形式化的规则的方法，其余的就不再展开了。

4.4.4.3 句法

在美国黑人本地语里，系动词"be"也往往是缩略或省略掉的，如：

- He a runner.（名词前的 is 被省略，表示为 [——NP]）
- He fast in everything he do.（形容词性谓语前的 is 被省略，表示为 [——PA]）
- We on tape.（在地点表达式前的 are 被省略，表示为 [——Loc]）
- They not caught.（在否定式前的 are 被省略，表示为 [——Neg]）

如果单看这几个例子，我们可以得出，黑人英语本地语里是没有系动词的，但是情况没有那么简单，类似下面的用法也是存在的：

- She was likin' me.
- It ain't no one can't get in no coop.
- I'm not no strong drinker.
- Each year he will be gettin' worse all the time.
- Be cool, brothers!

Labov 对这种用法作了细致的分析后，认为首先应把缩略（contraction）和省略（deletion）区分开来：缩略是表达式的压缩，原来的句型还保留，如 He's here 是 He is here 的压缩；省略则是略去原来句型中的一个部分，如 He is fast 被省略为 He fast。然后 Labov 提出以下几点看法：

1. 在黑人本地语中没有人完全省略系动词，也没有人完全不省略。每个人都有使用完整的形式、缩略的形式和不使用系动词的情况。这说明系动词的用法可归纳为变量规则。

2. 在有些句法位置上不会出现省略：如省略句（He is too）和 wh- 句后（如 That's what he is）。一般的情况是，标准英语可以缩略的地方，黑人英语可以省略；标准英语不能缩略的地方，黑人英语也不能省略。

3. 缩略和省略的这些关系使我们不得不去分析英语的缩略形式。我们发现，am，is，are，will，has，have，had 这些词的缩略方式是移去包括有时态标记的词中的辅音前的单独非重读的中元音（/ə/）。这个产生 He's here，I'm coming，You're here，I'll go，He's got it 的过程取决于一些省略起始的流音规则以及把元音弱化为非重读的中元音的省略元音的规则，而后者又取决于由句子表层结构的句法所决定的重音规则。

4. 系动词的省略和缩略还可以表示为另一种情况：黑人英语并不省略那些不能弱化元音的表示时态的形式，所以 be，ain't，can't 等并不能缩略。省略是一个语音过程，例如在 I'm 中的 m 并不能省略。一般来说，后面的鼻音在黑人英语中不能省略。

5. 控制缩略和省略的变量规则按照语法环境的不同而显示出一系列变量约束。如果在前面的名词短语为代词，这个规则就会执行。而下面的语法环境则从最无力到最有力按次序对规则进行约束：名词短语作谓语、形容词和方位词、动词、动词前的助动词 gonna。如果我们认为先有缩略，然后才有把缩略后留下的单独的辅音省略的过程，那么这些约束对缩略和省略的两种规则所起的作用是相同的，而且黑人英语的缩略和其他方言的缩略型式是一致的。所以实际上是有两条规则。

6. 虽然同样的语法约束作用于黑人英语的缩略和省略，前置的元音或辅音的语音却刚好相反。对缩略而言，如果主语以元音结尾，规则就会执行；对省略而言，如果主语以辅音结尾，规则就会执行。这种相反的情况和缩略与省略在语音上的差别是一致的，缩略移去元音，而省略移去辅音。两种情况都导致

CVC（辅音＋元音＋辅音）的结构的出现。

根据上面的观察，可得出两条缩略和省略的规则：

缩略规则

$$\text{ə} \rightarrow (\varnothing)' \begin{bmatrix} \alpha\text{pro} \\ \gamma\text{V} \end{bmatrix} \#\# \underset{+\text{T}}{\overline{\quad\quad}}\ \text{Z}\ \#\# \begin{bmatrix} \beta\text{Verb} \\ -\gamma\text{Noum} \end{bmatrix} \tag{4.6}$$

省略规则

$$\text{z} \rightarrow (\varnothing)' \begin{bmatrix} \alpha\text{pro} \\ \gamma\text{V} \end{bmatrix} \#\#[\text{——}]\#\# \begin{bmatrix} \beta\text{Verb} \\ -\gamma\text{Noun} \end{bmatrix} \tag{4.7}$$

Labov 的结论是在黑人英语里系动词的缩略或省略是在表层结构上出现的，其深层结构和标准英语是一样的。

4.4.4.4 语篇

4.4.3.2 中关于象牙海岸操 Abbey 语者进行问候的交际事件案例，也可用形式化的规则来概括：

问候次序→问候与反应＋请坐＋打听消息

第一步；问候与反应→

P2 问候 P1，如果	P2＝	男性 ＋成人 友善 α［女性］ 儿童 －不友善
P1 反应，如果	P1＝	成人 ＋友善 α［较大的儿童］ －［不友善］

第二步：请坐　P1 请 P2 坐

P1 问候

第三步：打听消息		＋成人
		男性
P1 向 P2 打听消息，如果	P1 =	α[女性]
		－[儿童]
P2 作出公式性的反应		

这几个规则可以解释为：

1. 如果 P2 是友善的成年男性，他就会作出问候；如果 P2 是一个女性，她也会问候，但是不大可能；如果 P2 是不友善的或是一个儿童，他就不会问候。如果 P1 是一个友善的成年人（男性或女性），他就会接受问候；如果 P1 是一个年纪大的儿童，他也可能接受；如果 P1 不友善，他就不会接受。

2. 如果问候已经作出并被接受，P1（任何年龄的男性或女性）就会请 P2 就座，并回报以问候。

3. 如果 P1 是一个成年男性，他就会打听消息；女性不大可能打听消息；年纪大的儿童虽然接受了问候，但也不能打听消息。

这些规则是有序的：如果一条规则没有实行，其余的规则就不能执行。假定一个女性的 P2 并不向 P1 问候，P1 就不能回应，不能请 P2 坐，也不能向 P2 打听消息。规则前面标有“+”的是总是执行的，“α”是可执行或不执行的，“－”是毫不执行的。

4.4.5 语言态度调查

4.4.5.1 什么是语言态度调查?

社会是由个人组成的，当一个人和另一个人交谈时，就会出现人们怎样对待语言，即语言态度的问题。研究语言态度会涉及社会心理学。

关于语言态度有两种对立的观点：一种是心智主义（mentalist）的观点，将语言态度看作一种准备状态（a state of readiness），它是对人发生影响的刺激和这个人作出的反应之间的一个中介变量。一个人的语言态度使他“准备”对某一刺激而不对别的刺激作出反应。Williams（1974）对心智主义的语言态度观的定义是：态度是由某一种刺激所引起的内部状态，这种内部状态对机体随后产生的反应起中介作用。这种观点给实验方法带来问题，因为如果态度是一种内部的准备状态，而不是一种可观察的反应，那么我们就必须依赖一个人对他们态度的报告或根据行为型式来推断语言态度。我们知道自我报告的数据往往并不很有效，根据行为型式而作出的推断使我们更远离事实。所以很多语言态度的研究都要花很多精力来设计巧妙的实验，使被试能够在不察觉调查过程的情况下表示其真实的态度。

另外一种是行为主义的观点：根据这种观点，语言态度只能来自人们对社会环境所作出的反应。这种观点不要求自我报告和间接推断，因而调查较容易进行；它只要对可观察到的行为进行观察、归类和分析。但是这种语言态度的调查不如前一种那样有意思，因为其结果不能用来预测其他行为。不过这种直接的行为主义的方法仍有其用途。

与语言态度调查有关的另一个问题是在语言态度之下能否区分出一些子成分。一般来说，接受行为主义观点的人认为语言态度是不可分割的单位，而心智主义则认为语言态度还可分为几个子成分：认知的、感情的和意愿的。

语言态度的调查和语言有关，例如向被试调查他们认为某一种语言变体是否“丰富”、“贫乏”、“美丽”、“丑恶”、“悦耳”、“难听”等。这样一来，语言态度的定义往往被扩展到说某一语言或方言的人的态度，甚至其他的态度，如对语言维持和语言计划的态度。

从心智主义的观点来看，只要知道一个人的态度，就能准确地预测他的有关行为。语音变化的走向和言语社区是否赞成该变化相关，甚至连言语社区的定义都与大家的语言态度分不开。语言态度往往还反映了对某些民族成员的态度，或影响了教师对学生的态度，影响了第二语言的学习。有人还发现语言态度对一个人判断他能否听懂一种语言变体也有影响。

4.4.5.2 语言态度调查方法

1. 直接法和间接法

完全直接的方法要求被试对调查其语言态度的问卷作出直接回应。完全间接的方法则不让被试知道别人在调查自己的语言态度。Cooper & Fishman (1974)

假设在以色列的人认为希伯来语是科学用语，而阿拉伯语在传递传统的伊斯兰教义方面更有效。为了验证他们的假设，他们找了一些懂得这两种语言的穆斯林，让他们听这两种语言的录音，一段是关于烟草的危害，并提供有科学证据的录音，用希伯来语和阿拉伯语各录一次。另一段是关于喝酒的危害，从传统的伊斯兰教义方面来支持，也用两种语言各录一次。听众分为两组，一组听两段录音，一段用希伯来语讲烟草的危害，另一段用阿拉伯语讲喝酒的危害，而另外一组则听相反的搭配。结果出现戏剧性的差异：听用希伯来语讲烟草危害的那一组比听用阿拉伯语讲烟草危害的那一组有更多的人说他们支持对烟草课以重税，其比例为 2：1。而听用阿拉伯语讲喝酒的危害的那一组比听用希伯来语来讲喝酒危害的一组刚好按相同的比例说他们支持对酒课以重税。假设得到了验证，但是被试并不知道他们参加了一次语言态度的调查，他们的注意力集中在讨论烟酒的危害。

2. 改变装束测试法（The match-guise technique）

Lambert 等（1960）所建立的这种方法已成为语言态度调查的一种基本方法。最单纯的改变装束测试法的目的是控制语言以外的其他变量，首先是找一些能流利地说两种要观察的语言的人，让他们用两种语言读同一段话并录音。在录音里故意安排成好像是两个人的录音。例如几个说话人用法语和英语各录一次音，录音带开始是一个人的一段法语，然后是另一个人的一段英语的装束，第三个人的英语的装束，最后第四段的英语的装束是第一个人的。到这个时候，被试已经忘了第一个人的声音，所以就会以为这是另一个人的声音。其他人的录音也是用这种穿插安排的办法加以打乱，所以受试会认为自己听到的每一段话都是另一个人说的，他们以为自己所听到的话是实际所说的话的两倍。

这些录音再拿来放给来自同一语言社区操双语的听众，让他们对说话人的某些特征，如文化水平、社会阶层、相似程度等进行评估。如果对同一个人的不同装束有不同的评估，那么其差异就是语言所造成的。因为同一个人提供了两种样本，对听众所产生的差异，不可能是音质差异所造成的。作为一个变量，内容也可以通过把同一段话翻译成另一个文本而加以排除。改变装束测试法也算是直接法，因为它要求被试直接说出他们对某些特征的意见，但是它也有间接的成分，因为被试是在对说话人，而不是对语言作出反应，而且他们并没有意识到自己听到的是不同装束的同一个人。

3. 语义微分量表（Semantic differential scales）

改变装束测试法常使用到语义微分量表（Osgood 等，1957）[1]，这些量表表示一个倾向的两端，中间有几个档次的空间，如：

友好 —— —— —— —— —— —— —— 不友好
　　1　2　3　4　5　6　7

让被试在量表上作出选择，然后加以汇总，再取得其平均值。这个平均值可用来作各种统计分析。

4. 问卷、访问、观察

（1）问卷。问卷有开放式和封闭式两种，开放式问卷使被试能够自由地表示他们的意见，但他们答案容易偏离主题，难以打分。封闭式问卷有固定的格式供被试填写，除了语义微分外，还有正误题、多项选择、排列等。封闭式问卷容易填写，也容易打分，但是它迫使被试按照调查者的意图去回答问题。比较好的妥协方法是先用开放式问卷了解反应，然后再根据反应来设计封闭式问卷。

（2）访问。访问是没有问卷的开放式问卷。调查者提出有关语言态度的问题，让被试作出口头回应，然后再笔录或录音。被试无需在开放式问卷上作答，因此调查者可以较容易地提取问题，而且能及时阻止被试离题。访问的主要问题是费时且花销较多。作一次访问花费的时间比做 50 到 100 道题的问卷的时间还要多。

（3）观察。这是收集数据的最自然的方法，宜于作人类学和民族学研究。因为人们很少直接谈到自己的心理过程，所以从行为主义的观点来看，这也是最合适的方法。从心智主义的观点来看，使用观察法必须进行推断，故难免犯主观主义的错误。

5. 改变装束测试法的问题和修正。

改变装束测试法有其内在的问题：

（1）这种方法要求说话人用不同语言读同一篇材料，这就多产生了一个变

1　请参看《语言学方法论：实验方法》中的 2.7.3.3 小节。

量，有可能是从读材料的角度，而不是从使用语言的角度来对说话人进行判断，所以有人把内容改为让说话人讨论同一个题目，而不是读同一篇材料。但控制谈话内容又会产生另一个问题，可能使语言变体和谈话内容不统一。如果在一个双语制的社会里，两个“装束”刚好一个是高变体，一个是低变体，对一种变体合适的题目不一定适合另一种变体。被试对一个装束评分较低，并非因为他们认为语言形式不合适，而是因为他们认为这种语言形式并不适用于讨论这个题目。

（2）问卷格式（包括改变装束测试和语义微分法）的效度问题。要验证认知和感情的态度几乎是不可能的，因为我们在比较的是实验结果和人们实际上所想和所感觉的东西。意愿的态度则较容易解决，因为它和行为有联系。Fishman（1968）向纽约地区的波多黎各人调查他们对自己的民族性的态度，然后还举办了一个波多黎各的跳舞晚会，请被调查的人参加。如果被调查人不仅在问卷上回答自己以作为波多黎各人为荣，而且又参加晚会活动，那么他的回答就是有效的。

（3）改变装束测试法的最后一个难题与它的人工性有关。让被试去听同一内容的录音往往会使被试感到厌倦，所以才会更多地注意声音的变化。根据声音在评分表上打分也不是日常生活中常见的，Bourhis & Giles（1976）设计了一个更为自然的改变装束实验，使被试不知道他们是在参加一个语言态度的调查。实验涉及威尔士地区的社会语言状况，当地有四种语言变体：英国英语中地位最高的 RP（Received Pronunciation）、略带南威尔士口音的英语、带较重南威尔士口音的英语、标准威尔斯语。“被试”为戏院观众，而实验的刺激是中场休息时所作的通知，内容是要求观众填写一份问卷以帮助戏院安排以后的节目。“参加”实验的观众有两类：一类是居住在威尔士的英格兰人，只会说英语。他们有五个晚上每晚看两部英语电影。另一类为说双语的威尔士人，他们有四晚每晚看一场用威尔士语演出的戏剧。对英格兰人的观众所作的通知使用了三种英语变体，有两个晚上分别用 RP 和重威尔士口音英语，一个晚上用轻威尔士口音英语。说双语的威尔士人在四个晚上各听一种变体。所测量的为两类听众听过不同变体的通知后的问卷回收率。数据有没有回收可用卡方检验[1]。结果表明：威尔士的英格兰人听了 RP 和轻威尔士口音英语后的回收率

1 请参看《语言学方法论：实验方法》中的 3.4.4. 小节。

大致相等，一个为 22.5%，另一个为 25%；而重威尔士口音的英语的回收率只有 8.25%。说双语的威尔士人的情况则恰恰相反：听了威尔士语后的回收率为 26%，而听了轻威尔士口音和重威尔士口音的英语的回收率各为 9.2% 和 8.1%，RP 的回收率最低，只有 2.5%。

4.4.5.3 语言态度调查的用途

作为一种工具，语言态度调查有助于认识语言的社会作用。

1. 群体的认同。

语言对一个社会文化群体可以起到统一或分裂的作用。语言态度调查可以帮助我们了解群体的成员对某种语言的维系作用的认识，例如在希腊有一个叫作 Arvanites 的民族，而阿尔巴利亚语是这个群体所认同的语言。Trudgill & Tzavaras（1977）对不同年龄的 Arvanitika 人进行了封闭式的问卷调查，了解他们对 Arvanitika 语的态度并提出了三个问题：

(a) 您喜欢说 Arvanitika 语吗?

(b) 您认为说 Arvanitika 语是一件好事吗?

(c) 说 Arvanitika 语是否有利?

调查结果如下：

表 4.11 对 Arvanitika 语的态度调查

	是			不表态			否		
年龄	喜欢	好事	有利	喜欢	好事	有利	喜欢	好事	有利
5—9	1	1	1	10	10	17	89	89	82
10—14	16	17	12	17	73	38	67	10	50
15—24	17	18	34	41	48	50	42	35	16
25—34	30	32	40	67	66	49	3	3	11
35—49	46	64	56	53	35	36	2	1	8
50—59	67	95	67	31	4	33	1	1	0
60 +	79	86	97	21	14	3	0	0	0

结果显示不同年龄的人对 Arvanitika 语的态度有很大的差异：年纪越大的人越喜欢 Arvanitika 语。另外一个问题是"Arvanitis 人是否必须说 Arvanitika 语？"不同年龄组的人的回答如下：

表 4.12　不同年龄组对 Arvanitika 语的态度

年龄	是	否
10—14	67	33
15—24	42	58
25—34	24	76
35—49	28	72
50—59	33	67
60 +	17	83

这个数据与上表数据所显示的型式有些不一致：除了年轻人外，多数年龄组的人都认为 Arvanitis 人无需说 Arvanitika 语。Trudgill & Tzavanika 的解释是年龄较大的人意识到 Arvanitika 语正在消亡，但却希望保持他们的民族认同，因此也必须接纳那些不说 Arvanitika 语的 Arvanitis 人。而年轻人对 Arvanitika 语的前途没有希望，好像预见到语言和民族的消亡，他们的观点是只有说 Arvanitika 语的才算是 Arvanitis 人，既然说 Arvanitika 语的人越来越少，Arvanitis 语人也就越来越少，但是这没有什么值得大惊小怪的。

2. 双语制

语言态度调查对双语制社区的语言型式可起到预测作用。

El-Dash & Tucker（1975）使用了改变装束的模型，他们找了两个既会说阿拉伯古典语和阿拉伯口语，又会说英语的埃及人来讨论敏感的 Giza 金字塔问题，而不是读一篇材料。他们说英语时自然会带有阿拉伯口音。这种带阿拉伯口音的英语处于阿拉伯古典语和阿拉伯口语之间的地位。然后他们使用了 4 个语义微分的量表：智力、领导能力、宗教性和喜爱程度，并将结果用来作方差分析[1]，发现语言变体在四个特征方面均有主要效应。但是光看主要效应并不能说明很多问题，例如不同装束在智力方面的平均分为：

1　方差分析（Analysis of Variance，ANOVA），可参看《语言学方法论：实验方法》中的 3.6 小节。

表 4.13　不同装束被试的智力平均分

特征	阿拉伯古典语	阿拉伯口语	埃及式英语	美国英语	英国英语	F-比率	显著性意义
智力	10.25	8.49	9.59	9.13	8.45	20.33	p<0.01

F-比率具有显著意义，这说明在 6 种装束里，某种装束的人会被判断为比其他装束的人具有更高的智力，但它并不能告诉我们哪一种装束的差别具有显著性意义。但是有一种 Newman-Keuls 复式比较的统计程序可以用来检查它们之间的差别是否有显著性意义。

* 表示在 $p < 0.01$ 水平上两个分数有显著意义的差别

§表示在 $p < 0.05$ 水平上两个分数有显著意义的差别

两个分数之间（如在智力方面，阿拉伯古典语和埃及式英语）没有符号表示它们没有显著意义的差别。

表 4.14　双语制和其他特征的关系

特征	阿拉伯古典语	埃及式英语	阿拉伯口语
智力	10.25	*	8.49
	10.25	9.59 §	8.49
领导能力	8.74	*	7.20
	8.74	8.56 *	7.20
宗教性	9.38	*	7.75
	9.38 *	7.11	7.75
喜爱程度	9.48	*	8.51
	9.48 *	8.71	8.51

从表中可见，阿拉伯古典语和埃及式英语在智力和领导能力方面均高于阿拉伯口语，这与双语制的型式是一致的。虽然阿拉伯古典语的评分比埃及式英语略高，但其差别没有显著性意义。

3. 教育

除了了解社会结构以外，语言态度研究还可为教育提供信息，一般有两种类型：一是教师的语言态度，二是第二语言学习者的语言态度。第二种类型的研究是要了解学习者的态度是否影响他们的学习，这里不准备讨论。下面要讨论的是对教师态度的调查和测量，以 Williams 在 20 世纪 70 年代中叶的研究最为突出。他的基本方法是让被试按照语义微分的量表来评估录下来的言语样本（录音或录像），其录音并没有使用改变装束的方法。但是所取的样本来自同一年龄的不同民族和社会阶层的儿童，录音为未加控制的自由交谈。在他的研究里，Williams（1974）的主要精力放在设计语义微分量表，他采用了四个步骤：首先是试点研究，让少数教师听一些录音样本，然后用开放式问卷方法，让他们用自己的话来描写录音的说话人。接着他再从开放式问卷的回答中选择一些形容词，放入原型的量表里，目的是保证量表中所采用的形容词适于教师使用。第三步是让另外一组教师使用量表来评估语言样本。最后是使用因子分析的统计手段来显示反应的基本维度。

Williams 的研究结果发现了能够有效而又可靠地表示两维以上的教师态度的一个二因素模型。一维是信心和热切程度，它测量教师根据儿童的话语流利程度和积极性而作出的整体反应的态度；另一维是民族性和非标准性，它反应教师对不同社会阶层（如高阶层和低阶层、白人和非白人）的语言特征的态度。他使用回归[1]的统计手段说明实际言语样本中的一些特征可以用来“预测”这两个维度的结果。例如，一些非标准的语法或语音特征（把 d 发成 th）的频率可以预测民族性和非标准性量表上的得分。换句话说，如果一个儿童经常说 dem 和 dose，在民族性（在 Williams 的研究里，指美国黑人或美国墨西哥人）和非标准性量表里就会得高分。同样，uh 和 uhm 这种“口吃现象”也能成功地预测在信心和热切量表上的得分。这项研究表明教师根据两个因素作出反应：儿童的表达形式（民族性和非标准性）和他们说话的方式（信心和热切程度）。

4.4.6 语言用法调查

上一节所谈的是从宏观社会语言学的角度看社会对语言的态度，下面要谈的是社会对一些语言用法的态度。这里涉及用法和态度两个方面：一是被调查人自己如何使用，二是被调查人对这种或那种用法的态度如何，是赞成还是反

1 指在相关系数基础上所作的线性回归分析，请参看《语言学方法论：实验方法》中的 3.5 小节。

对？还是虽然不赞成，但能容忍别人这样用？一般来说，个人的用法和他对这种用法的态度是一致的，但是也会出现不一致或不完全一致的地方。

4.4.6.1 Fries 的《美国英语语法》

描写语言学历来对用法的调查都很感兴趣：Jespersen 在主编他的《现代英语语法》时，就采取了历史主义的原则，对一些有争议的用法都从正反的角度加以客观描写：什么时候哪些作家是这样用的，哪些作家不是这样用的。Fries（1940）在主编《美国英语语法》时以美国政府提供的 3000 封信件（其中完整的 2000 封，摘录的 1000 封）为依据，描写美国英语的用法。这些信件都出自已居住在美国三代以上的美国人。Fries 按照写信人的社会阶层，把资料分为三类：标准（standard）英语，写信人为起码在大学念了三年的大学毕业生，从事各种专业性工作；普通（common）英语，写信人受过从高中一年级到大学一年级的教育，从事介于专业性工作和体力劳动之间的工作；通俗（vulgar）英语，写信人所受的教育不超过初中二年级。有的接近文盲，从事体力劳动工作。Fries 主要比较第一类和第三类在用法上的差异。他认为比较不能凭印象，那样容易导致只注意差异，而忽略了那些一致的地方。所以他把观察范畴内所有的语言事实都记录下来，然后统计出差异的相对频率。他主要从三个方面进行比较：

- 词的形式
- 功能词
- 词序

限于篇幅，我们在这里只举一个例子，以兹说明：

表 4.15　英语中的 have + 过去分词用法

	标准英语		通俗英语	
have + 及物动词的过去分词：				
have + had	39	8.8%	16	7.8%
have + been + 过去分词	88	20.0%	16	7.8%
have + 其他及物动词的过去分词	232	52.5%	104	50.3%
小计	359	81.2%	136	66.3%

（待续）

(续表)

	标准英语		通俗英语	
have + 不及物动词的过去分词：				
have + been	49	11.0%	54	26.4%
have + 其他不及物动词的过去分词	34	7.8%	15	7.3%
小计	83	18.8%	69	33.7%
总计	442		205	

Fries 发现下列有趣的事实：

1. have + 过去分词在标准英语的使用频率远远高于它在通俗英语的频率。过去分词在标准英语的出现率约为通俗英语的出现率的 4 倍（1157：311），标准英语的 be + 过去分词约为通俗英语的 6 倍（712：117）。但是标准英语的 have + 过去分词的出现率约为通俗英语的 2 倍（442：205），这说明通俗英语比标准英语更为保守。因为在古英语里，have 只与及物动词的过去分词连用，至于不及物动词，be 常与表示动作的动词连用。但到了早期中古英语，have 首先是和不带宾语的表示动作的动词连用，然后和不及物动词，尤其是 be 连用。

2. 两类英语中的一些例证的分布也特别有趣。有 3 种情况是相同的：(a) have + had 在标准英语中占 8.8%，在通俗英语中占 7.8%；(b) have + 其他及物动词的过去分词在标准英语中占 53.4%，在通俗英语中占 50.7%；(c) have + 其他不及物动词的过去分词在标准英语中占 7.8%，在通俗英语中占 7.3%。

3. 这类英语在两个方面是有显著差别的：(a) have + been + 过去分词在标准英语中占 20%，在通俗英语中占 7.8%；(b) have + 过去分词 been 在标准英语中占 11%，在通俗英语中占 26.4%。

4.4.6.2 Mittins 的英语用法调查

Mittins 等（1970）在英国所作的用法调查采取了不同的方法，也值得介绍。他们把历来语法学家有争议的一些用法集中起来，共整理出 50 个，然后请了 457 人（教师为主）从非正式口语、非正式笔语、正式口语、正式笔语四方面来判断这些用法在哪些方面是可以接受的。这些有争议的用法包括以下五种类型，其被接受的百分比分别为：

1. 口语项目有 8 个，如：under these circumstances；they will send...providing the tax is low；should try and arrive 等，接受率 40%。

2. 词源项目有 5 个，如：very amused；data is；these sort of plays need 等，接受率 55%。

3. 语法项目有 18 个，如：at university；we have got to finish；he is older than me；is very different to 等，接受率 38%。

4. 词汇 / 语义项目有 12 个，如：ended early；due to illness；everyone has their off-days；neither author nor publisher are 等，接受率 38%。

5. 语言神话有 7 个，如：did not do as well as；his family are；told Charles and I 等，接受率 45%。

4.4.6.3 Quirk 等人的现代英语用法调查

规模巨大且有深远影响的是 Quirk 等人所主持的英语用法调查，其结果不但被用来建成了上千万词的语料库，而且还被用来编写了几本重要的语法书，如：《当代英语语法》（*A Grammar of Contemporary English*）、《英语语法大全》（*A Comprehensive Grammar of the English Language*）、《交际英语语法》（*A Communicative Grammar of English*）、《大学英语语法》（*A University Grammar of English*）。Greenbaum & Quirk（1970）还专门编写了一本介绍他们所使用的调查方法的专著：《英语使用和态度研究中的提取实验》。书中首先用一个图来表示了用法和态度的关系（见图 4.6）。

图中并没有“实际的”使用，因为实验的目的超出了（像语料库所记录的）实际用法，而集中于考察提取技巧所需要的材料。但是对所提取的“潜在的”和“习惯性的”材料必须作出区分：一种情况是提取出的句子所体现的主要特征是被试以前见过的（例如 learn 的过去式，或 hardly 出现在助动词与非限定动词之间的用法），这就是习惯性的；另一种情况是所提取的句子所体现的

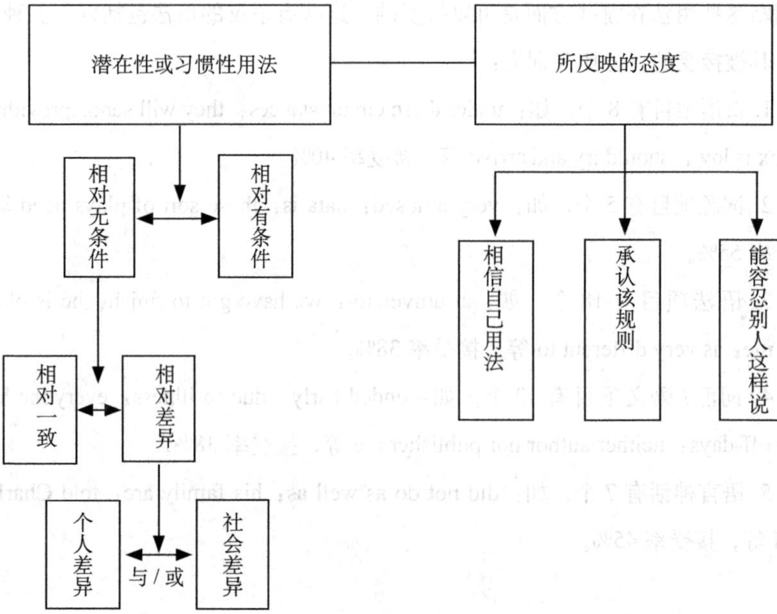

图 4.6 用法和态度

主要特征是被试从来没有使用过的，但在他的语言能力范围里，这就是潜在的，例如要求被试提供一个奇怪的动词 /flaiv/ 的过去式，或是看被试把 introductorily 或 blondely 放在什么位置。图中还区分了“有条件”和“无条件”两种用法，前者意味着“受特定的语言或环境因素所限制”，后者指不受限制。这两者体现了一个量表的两端。同样，“相对一致”和“相对差异”也是一个量表的两端，后者可理解为“自由变异”。差异是否能完全无条件是值得怀疑的。这种差异可能是个人的特征，例如某人把 psychology 的 psy- 有时念为 /sai/，有时念为 /psai/，这种不同并不反映整个社会的情况。又如 either 的 ei- 有两种读法，有时念为 /iː/，有时念为 /ai/，这种情况并反映不出那个把 ei- 念成 /ai/ 的人也有两种发音。当然这两者并非互相排斥，社会差异往往和个人差异一致，因为社会是由个人组成的。

所提取的用法和对这些用法的态度也应有所区别。这些态度反映了三种不一样但又相互有联系的因素。我们可以坚持自己习惯使用的形式，也可以对应该使用的形式有异议；这两点可以是一致的，但也可能是有冲突的。但毋庸置疑，我们对自己用法的信念不一定和我们实际的用法相一致。而且我们还可以容忍别人使用一些和我们自己的用法不一样或和我们的信念不一样的用法。图 4.7 进一步说明了他们所使用的两种不同的测试形式：一种是用法测试，另一种是态度测试。

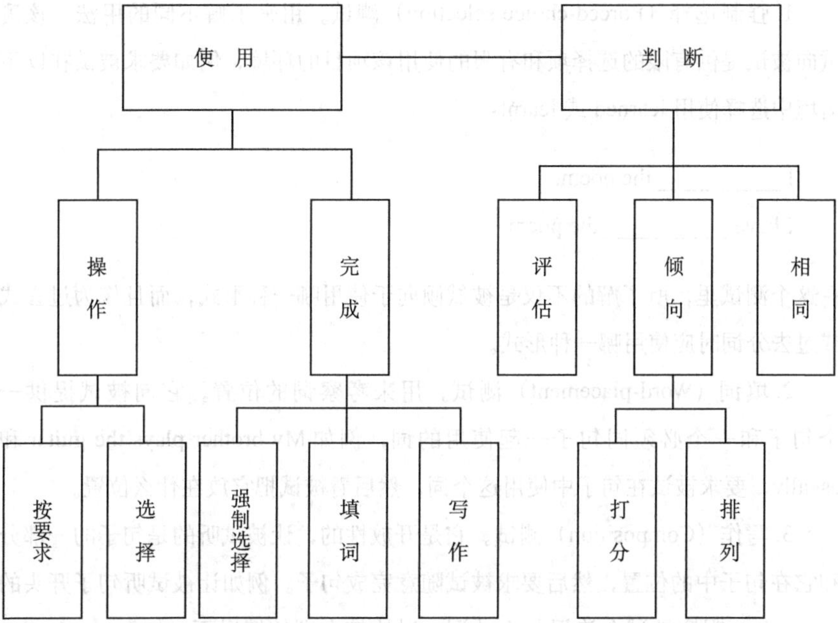

图 4.7 用法测试和态度测试

用法测试（Performance tests）包括操作（Operation）和完成（Completion）两类测试，对被试有不同的要求。

操作测试要求被试对所给的句子作一些改变，测试又可分为两种：

1. 按要求进行（Compliance）的测试，首先让被试听一些违背规则的句子，要求他们改变其中的一些词，然后观察改变后的句子有没有把违背规则的地方改过来，例如让被试在听完 He hardly could sit still 后，要求他们把 he 改为 they。测试者预测被试不会接受 hardly 在句中的位置，因此被试在改变 he 时会不自觉地把 hardly 放在他们认为合适的地方，即在助动词和动词之间，因此将句子改成 They could hardly sit still。

2. 选择（Selection）测试，听的是正常的句子，但是当被试进行操作时，他们会面临选择（不管他们自己是否意识到），例如要求被试把“None of the children answered the question”这个句子里的时态改为现在时，被试就需要决定用动词的单数还是复数。

完成测试要求被试对所给的句子增加一些东西，有以下三种情形：

1. 强制选择（Forced-choice selection）测试。用来了解不同的用法。该测试向被试提供有限的选择项和有限的使用该项目的环境，例如要求被试在以下语境中选择使用 learned 或 learnt：

I __________ the poem.

I have __________ the poem.

在这个测试里，所了解的不仅是被试倾向于使用哪一种形式，而且作为过去式或过去分词时应使用哪一种形式。

2. 填词（Word-placement）测试。用来考察词的位置。它向被试提供一个句子和一个必须同句子一起使用的词，例如 My brother plays the guitar 和 usually，要求被试在句子中使用这个词，然后看被试把它放在什么位置。

3. 写作（Composition）测试。它是开放性的，让被试听的是句子的一部分和它在句子中的位置，然后要求被试随意完成句子。例如让被试听句子开头的 I entirely，观察被试会连用什么动词，以比较在别的情况下（如 I completely）被试会用什么动词。

判断（Judgment）测试有三种：

1. 评估（Evaluation）。一般和按要求进行的测试一起使用，要求被试在一个三点量表上进行评估：“完全自然和正常”、“完全不自然和不正常”、“在两者之间”。例如让被试评估以前给过的 He hardly could sit still 是否可以接受。

2. 倾向（Preference）。一般和选择测试一起使用，包括两个部分：打分和排列。例如让被试听一个句子的两种变异形式：None of the children answers the question 和 None of the children answer the question，然后让他们在上述三点量表上打分。由于向被试提供了两种形式，所以他们的注意力就会集中到变异点上面。测试最后可要求被试按自己的意见来排列两者的先后。

3. 相同（Similarity）。也涉及对句子关系的判断，但主要是语义关系。测试向被试提供的是两个句子，其中有最小的语义或句法差别，然后要求被试在一个三点量表上评估它们是否相同：“意义很相同”、“意义很不一样”、“在两者之间”。例如：

/some lectures are actually given before ten#

/actually#/some lectures are given before ten#

Greenbaum & Quirk 认为他们实验的目的是了解有关接受性的各个方面的问题，因为接受程度是分级的，所以他们关心的是不能接受的程度有多大，更准确地说，他们关心的是在哪一点上不能接受。这可以从被试对违反规则的句子的“修正”方向看出来，例如被试听到的是 The council lowered his rent slightly，指令是把动词改为现在时，那些移动 slightly 位置（如念成 The council slightly lower his rent）的被试就能比那些不改变位置的被试提供更明确的用法信息。而且，在评估测试中认为这个句子是可接受的那些被试中，有些人在按要求进行的测试中把副词的位置也移动了，这说明态度上的容忍和使用上的倾向性不一致。而且使用上的倾向和态度上的倾向也不一定一致，例如 None of the children 后面跟的是单数动词，这一点在评判测试中主张的比在选择测试中主张的要多。

整个实验包括 50 道使用测试题和 50 道判断测试题，刚好可以在一节课中做完，而且被试全是大学生。实验者站在被试面前，用口头方式（后来改为使用录音机）念出试题，指令都是事先写好的，以保持一致。指令并没有说明被试所听的句子中有些是不符合语法的，而只是提出任务并举出例子。操作测试要求被试完成的任务包括：把时态改为现在时或过去时；否定式和肯定式互换；把作主语的代词改为单数或复数的形式；把陈述句改为由 be 或 do 引导的问句。一直到判断测试题前，实验者都不让被试知道测试与调查语言用法有关。到了测试时，他们才知道自己“将会听到同样的题目，时间较短”，但要在一个三点量表上判断其可接受程度：

完全自然和正常

在两者之间，值得怀疑

完全不自然和不正常

英语用法的范围很广泛，实验者决定先从调查副词的位置做起，大部分试题都与此有关，后来才决定增加一点句法和词汇的项目，但数量不多。

实验可收集各种各样的数据，但怎样对答卷评分，也是一个值得考虑的问题。判断测试是直接了解态度的，比较好办；但是用法测试则不同，会出现很多情况，以按要求进行的测试为例，可以得到不同的回应。例如要求把 he will/probably stay late 改为问句，期望的答案是 Will he probably stay late? 测试的目的是了解副词的位置：

（1）完全按要求做，产生实验者事先期望的句子（A）

（2）犹疑，分三种不同情况：(B）在所要了解的问题以外产生犹疑，例如回应为 Will he probably 〈stay〉 late? 尖括号表示有犹疑，后来才插进去的；(C）是所要了解的问题的中心，但与回避无关，例如因对 probably 的拼写没有把握而产生犹疑；(D）和回避有关，例如 Will he ((probably)) stay late? 双括号表示产生犹疑后删掉了 probably。

（3）没有按要求做，答案有四种不同情况：(E）是所作的改变与所要了解的问题无关，例如答案为 Will you probably stay late?（F）是所要了解的问题的中心，但与回避无关，例如答案为 Will he stay late probably?（G）是所要了解的问题的中心，有回避，例如答案为 Will he stay late? 回避了所要了解的 probably 的位置的问题；(H）完全略去。

在这些不同的回应中，（G）和（H）是最足以测量没有按要求做的指标(RNC，the most relevant measure of non-compliance)。在统计中，RNC 的分数被用来说明被试没有按要求做的情况有多少。下面是一个例子：

		RNC 分	
		N = 85	%
E13 he /hardly could sit still#	he → they	54	63
E14 he could hardly sit still#	he → they	1	1

这个结果可以拿来和判断题的结果进行比较，看实际用法与态度是否一致：

	N = 85			%
	+	?	–	‘–’
E13 he /hardly could sit still#	16	23	46	54
E14 he could hardly sit still#	85	0	0	0

两者结果相当一致，认为 E13“完全不正常”的有 54%，而改动了 hardly 位置的有 63%，相差没有超过 10%。

下面的一个例子也是想了解副词位置的，但没有那么一致：

		RNC 分	
		N = 85	%
E9 he /virtually is ruling the country#	he → they	65	76
E10 he is /virtually ruling the country#	he → they	5	6

但判断题的结果为

	N = 85			%
	+	?	–	‘–’
E9 he /virtually is ruling the country#	19	27	39	46
E10 he is /virtually ruling the country#	84	1	0	1

就态度而言，46% 的人认为不能那样说，而在实际用法中有 76% 的人移动了 virtually 的位置。下面是 Greenbaum & Quirk 所给出的一幅态度和用法的比较图（不完整）：

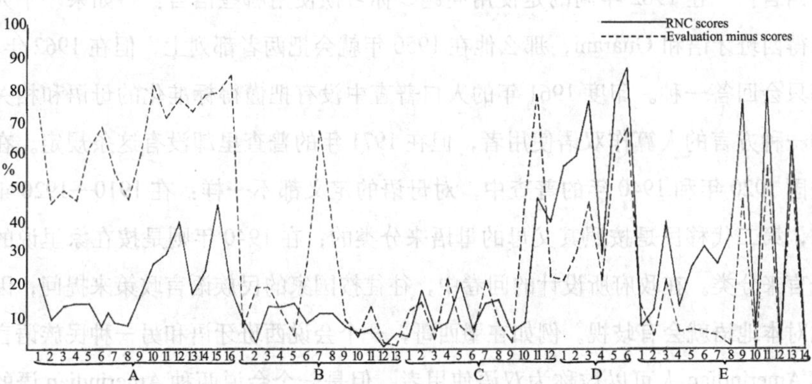

图 4.8　用法和态度的比较图

4.4.7 定量分析

前面所介绍的方法虽然也用到了一些定量的手段，但基本上是定性分析。使用这种方法的目的是发现语言在社会中的功能，决定一种语言必须具有什么特征才能满足一种功能。下面将根据 Fasold（1984）所作的研究介绍如何使用定量方法来研究社会的多语制。

4.4.7.1 人口普查和调查

这是一种可靠的数据收集途径，但也应注意它的问题：

1. 问卷设计。与语言有关的问题有三类：(a) 母语问题，企图了解被调查人的第一语言状况；(b) 使用问题，企图了解经常使用的语言的状况，提问可以与语境有关或无关；(c) 能力问题，企图了解被调查人对自已说话能力的评估。但是在各国人口普查中所提的问题的内容和方法都不同，不易作比较。例如就母语所提的问题和就使用所提的问题就不好作比较。甚至问的是同样性质的问题，用词不同也会引起问题：1940 年在巴西的人口普查中所提的问题是“你能流利地说民族语吗？”在墨西哥所提的是“你能说民族语吗？”回答后一个问题的人比回答前一个问题的人多得多。有的问题过于含糊，也难获得可靠数据，如：“你懂哪一种语言？”有一些普查过程中问题的用词往往和上一次普查不同，也难作纵向研究。例如在巴拉圭，1950 年问的是能力问题“你能说哪些语言？”在 1962 年问的是使用问题“你习惯使用哪些语言？”如果一个人懂得西班牙语和 Guarani，那么他在 1950 年就会把两者都列上，但在 1962 年，却只会回答一种。印度 1961 年的人口普查中没有把懂得标准化的母语和相关的一种方言的人算作双语使用者，但在 1971 年的普查里却没有这条规定。在美国 1920 年和 1940 年的普查中，对母语的定义都不一样：在 1910—1920 年间，第二代移民是按照其父母的母语来分类的；在 1940 年则是按在家里说的语言来分类。在政府所设计的问卷中，往往按国家的民族语言政策来提问，因此对本地语就会有歧视。例如在墨西哥，一个会说西班牙语和另一种民族语言的 Amerindian 人可以被称为双语使用者，但是一个会说两种 Amerindian 语的人就不算。有时“语言”和“方言”的界限不易划分，也会引起混乱。在奥地利人口普查中，说 Yiddish 语的人被算作说德语的人，以增加某些省份说德语的人的数目。而在匈牙利却相反，南斯拉夫少数民族是按其地方的方言来分开统计的，以减少塞族——克罗地亚族的人数。

2. 反应。“语言”和“方言”的界限难以区分，而且对第二语言的掌握程度有很大差别，所以当一个被调查的人对普查官员说他懂得一种语言时，很难断定他指的是什么。在印度的北部，语言流动性很大，所以一个印度公民要回答他的母语和第二语言是什么时，有很大的任意性。另外，对自己语言能力的评估也有很大差异。在巴拉圭，掌握西班牙语是一种地位的象征，所以很多人都说他们懂得西班牙语。如果事先知道这种情况，就可以提供一些纠正手段。有时，语言问题会被人误解，例如在加拿大 1961 年的普查中，一些母语为英语的人把“你会说法语？”理解为“你懂法语？”

3. 地理。地理因素通过两个方面影响普查：一是自然地理；二是地理边界。在一些国家，由于山脉和森林妨碍交通，所以某些地区没能进行普查。更为复杂的问题是按照地理边界来对数据进行归类，在印度的 Trivandrum 地区，语言差异指数为 0.48，这意味着如果随机抽两个人，他们说的不是同一种语言的可能性为 50%。但实际情况是该地区东部的居民都是说 Tamil 语的，西部居民则说 Malayalam 语。不过他们之间时常往来，不存在听不懂对方讲话的问题。

4. 数据处理。普查数据的收集、编辑和计算也存在不少问题。主要问题出自现场记录者，数据放在哪一个框架里，全靠他们决定。在印度 1961 年的人口普查中，对他们的指示是列举被调查者除母语外会说的两种语言，但如果是母语的一种方言，就不算为第二语言。在指令里，并没有说明什么语言算方言，这就造成了归类的混乱。

尽管存在这些问题，普查的数据仍被广泛使用，因为它们是唯一能够大规模收集到的数据，而且差不多是在同一时间收集的。普查数据还是唯一可进行跨国比较的数据。不过在使用这些数据时，必须注意：

1. 效度检验。一种是外部证实（external verification），另一种是内部一致性（internal consistency）检验。外部证实较有说服力，我们必须找到其他数据来验证普查数据，例如在加拿大魁北克省的普查里，调查了母语为法语和母语为英语的情况，刚好在那里实行的是罗马天主教和基督教的学校制度，几乎所有的基督教学校都用英语作为授课语言，而天主教学校则使用法语。说法语的儿童上天主教学校，而说英语的儿童则上基督教学校，所以这两种学校的招生入学的数字应该接近在学校读书的儿童的母语数字，Lieberson（1967）举出下表：

表 4.16　学校招生和普查数据（10—14 岁儿童）的比较

学校招生	百分比	母语	百分比
罗马天主教	89.6	法语	85.9
基督教	10.4	英语	11.3
		其他	2.8

两组数据十分接近，说明普查反映了实际情况。在天主教学校的儿童的百分比高于以法语为母语的儿童的百分比，也是可以解释的，即在天主教学校制度里的说英语的学校多于基督教学校制度里的说法语的学校，所以在天主教学校读书的说英语的儿童多于在基督教学校读书的说法语的儿童。

内部一致性检验可在两次以上的普查之间进行：如果在一次普查里报告某一年龄段中有多少人是使用某一语言为母语的，那么在 10 年后的普查里，比该年龄段大 10 岁的人中应该有相同比例的人使用该语言为母语。但是这必须有几个前提：(a) 所比较的年龄组的死亡率应该大致相同；(b) 在这 10 年间不会发生某一年龄段中有失去比例的人离开该国；(c) 在这 10 年间不会发生某一年龄段中有失去比例的人移民到该国。如果移民都有登记，那么第三项可以控制。Lieberson 对 1951 年加拿大普查中关于以英语或法语为母语的人的统计作过一次内部一致性的分析：他比较了 7 个年龄组，例如在 1951 年 10—14 岁年龄组中有 57.0% 的人说英语，33.8% 的人说法语。到了 1961 年，20—24 年龄组中有 56.8% 的人说英语，34.1% 的人说法语。对 7 个年龄组的统计表明，说英语的人的差异为 0.8%，说法语的人的差异为 0.1%。这说明普查结果是很一致的。

2. 从普查中进一步提取数据。McConnell（1979）先统计一个国家里以 X 语为母语的总人数，然后统计以其他语言为母语的人把 X 语作为第二语言而学习过的总人数，把两者加起来就是说X语的总人数。Lieberson则从以英语为母语的人数中减去只会说英语但不会说法语的人数，由此得到以英语为母语但又会说法语的人数。

3. 推断。如果有足够的背景资料，我们也可从普查数据中进行推断。McConnell根据土耳其1965年的普查作过一次推断：土耳其语是官方语言，但Kurd族在土耳其为数不少，说土耳其语的人在数量上和政治上均占优势，所以40%的Kurd族人都把土耳其语作为第二语言。约有40万的说土耳其语的人在普查中登记他们的第二语言为Kurdish，这些人不大可能是土耳其人，他们本身是Kurd族人，但在语言上效忠于土耳其语。这可用来说明Kurd族人的语言转移。

4.4.7.2 Greenberg-Lieberson 公式

社会语言学定量分析的核心是测量语言差异，以反映多语制的状况。最精细的方法是Greenberg提出，后又由Lieberson发展的公式。Greenberg（1956）共提出了八条公式，其中第八条是“交际指数”（index of communication）。其他七条都与语言差异有关，且一条比一条精细。第七条最准确，也最复杂，而且所要求的数据往往不易得到。下面要介绍的是第一条，也是最简单的一条。

Greenberg假定我们把一个地理政治单位所有的人放在一个口袋里，随机抽取两个人，而这两个人又都有交际意图，我们就必须了解他们是否共享一种语言。例如在一个10万人都说X语言，而有没有人说其他语言的“口袋”里，要算出抽到说X语言的人概率，就必须把说X语言的人数除以总人数，即100000/100000 = 1。我们绝对有把握抽到一个说X语言的人。“口袋”里现在还有99999人，在10万人中少了一个人是微不足道的，所以概率仍为100000/100000 = 1，要计算两个人都说X语言的概率，就必须把这两个人说X语言的概率相乘，即1 × 1 = 1。可见这是一个没有语言差异的地区。

相反的例子是完全有差异的地区，在10万人中有10万种语言，即10万人中只有一个人说X语言，抽到说X语言的人的概率为1/100000，抽到另一个说X语言的人的概率为0/100000，所以1/100000 × 0/100000 = 0。

Greenberg 设想以下情景：在一个地区有 1/8 的人说 M 语，有 3/8 的人说 N 语，有 1/2 的人说 O 语。如果要抽两个说 M 语的人，那么其概率就是 $1/8 \times 1/8$，即 1/64；要抽到两个说 N 语的人的概率就是 $3/8 \times 3/8 = 9/64$。说 O 语的概率最高，为 $1/2 \times 1/2 = 1/4$。如果我们要知道两个人说任何一种相同的语言的概率，就必须把这 3 个概率加起来：$1/64+9/64+1/4 = 26/64$。

然而，我们的最终目的是测量语言差异。语言差异的意思是随机抽取的两个人说不同语言的概率。这刚好和上述事例相反。如果原始数据方便提取，那么我们当然可以采用直接的方法来计算差异性，但是一个更简单的方法是用 1 来减去两个人说相同语言的概率。在上面的最后一个例子里，两个人说任何一种相同语言的概率为 26/64，因此剩下的就是不说同一语言的概率，即 $1 - 26/64=38/64$。转换为小数就是 0.594。

我们可以用公式来表达上述的计算，用 i 来代表上例中的 3 种语言，$1/8 \times 1/8$ 可写为 $(1/8)^2$，得出说同一种语言的概率：

$$\sum i(i)^2 \tag{4.8}$$

用 1 来减去它，便有语言差异的公式，这就是公式 A：

$$A = 1 - \sum i\,(i^2) \tag{4.9}$$

公式 A 是从几个不现实的假定出发的：(a) 从一个政治地理单位里的任何地方抽取的两个人都同样需要进行交际；(b) 说任何一种语言的人都完全不懂得另一种语言；(c) 不存在任何说多种语言的人。

Greenberg 的第八条公式 H 是交际指数，测量的是交际，而不是语言差异。在公式 H 里，不需要用 1 减去所求得的值。它和公式 A 的另一个不同之处是，它需要考虑说多种语言的人的情况。它的基本计算方法是：(a) 像公式 A 一样随机抽取一对说话人；(b) 注意那些能够进行交际的，即共享一种语言的说话人；(c) 计算抽取到每一对“好的”说话人的概率；(d) 把这些概率累加起来。例如，在某一个国家里有 3 种语言 M，N，O。在全体人民中说这几种语言的情况是：

说 M 语的	15%
说 N 语的	20%
说 O 语的	5%

说 MN 两种语的 25%

说 NO 两种语的 30%

说 MNO 三种语的 5%

第一步是列举 M 和 M，M 和 N，M 和 O，M 和 MN 等说话人的对子如下：

表 4.17 一个国家内说三种语言的概率及交际指数的计算

	M (0.15)	N (0.20)	O (0.05)	MN (0.25)	MO (0.00)	NO (0.30)	MNO (0.05)
M（0.15）	0.0225			0.0375	0.0000		0.0075
N（0.20）		0.0400		0.0500	0.0000	0.0600	0.0100
O（0.05）			0.0025		0.0000	0.0150	0.0025
MN（0.25）	0.0375	0.0500		0.0625	0.0000	0.0750	0.0125
MO（0.00）	0.0000		0.0000	0.0000	0.0000	0.0000	0.0000
NO（0.30）	0.0450	0.0600	0.0150	0.0750	0.0000	0.0900	0.0150
MNO（0.05）	0.0075	0.0100	0.0025	0.0125	0.0000	0.0150	0.0025

在表中有些空格，如 M 和 N 交叉的空格，是因为只会说 M 语的人不可能和只会说 N 语的人交谈。有可能的配对的交际概率仍按上面提到的公式 4.8 计算，把两种概率相乘。第二步再把这些概率累加起来，得到的 0.8350 就是这个国家的交际指数。

4.4.7.3 Lieberson 的延伸

Lieberson（1964）进一步延伸了 Greenberg 的公式。Greenberg 只是从地理的概念来考虑，但是交际指数可以延伸到任何的总体，如对罗马天主教徒的调查。更重要的是他的公式只是指一个总体内部的交际指数，并没有接触到两个母体之间的交际情况。例如 1948 年在阿尔及利亚的调查显示，其交际指数为 0.669，这意味着如果随机抽取两个阿尔及利亚人，他们共享一种语言的可能性是 2/3。但是，这个指数没有说明如果先抽取一个欧洲人，再抽取一个穆斯林，他们能否交际。Lieberson 还指出一种极端的情况：如果一个国家有 A 和 B 两个群体。所有 A 的成员只会 X 语，所有 B 的成员只会 Y 语，那么整个总体的交际指数便不可能低于 0.500。如果其中一个群体的成员特别多，指数还会更高。但是两个群体其实并不能交际。Lieberson 把 Greenberg 的公式略微改变，在阿尔及利亚人口的总体里先分出穆斯林和欧洲人，然后再统计其交际指数。

表 4.18　1948 年阿尔及利亚人口中跨民族交际指数表

欧洲	穆斯林					
	阿拉伯语 (0.780)	Berber 语 (0.112)	法语/阿拉伯语 (0.053)	法语/阿拉伯语/Berber 语 (0.047)	法语/Berber 语 (0.007)	法语/法语 (0.001)
法语/阿拉伯语 (0.135)	0.105		0.007	0.005	0.001	0.000
法语/阿拉伯语/Berber 语 (0.003)	0.002	0.000	0.000	0.000	0.000	0.000
法语/Berber 语 (.001)		0.000	0.000	0.000	0.000	0.000
法语 (0.860)			0.046	0.040	0.006	0.001

按照这种算法，交际指数只有 0.214。这种延伸也可适用于 Greenberg 的公式 A，因此它可改写为：

$$A = 1 - \sum i(i1)(i2) \tag{4.10}$$

其中，i1 为一个群体中说某一种语言的人的比例，i2 为另一个群体中说同一语言的人的比例。例如挪威籍外国白种人在美国的母语分布（1940）情况是：

表 4.19　挪威籍外国白种人在美国的母语分布

	母语		
	挪威语	英语	瑞典语
不在美国出生	0.924	0.051	0.012
第二代	0.502	0.477	0.008

其语言差异就是：

$$1-[(0.924)\times(0.502)+(0.051)\times(0.477)+(0.012)\times(0.008)]=0.512$$

这个指数的含义是：如果从两代人中随机抽取两个人，他们不共享一种语言的概率为 50：50。

4.4.7.4 定量方法在广义社会语言学中的应用

定量方法在广义社会语言学里的典型应用是研究语言差异、语言维持和转换、语言态度等方面的问题。下面先介绍语言差异的研究。

1. Lieberson & Hansen（1974）使用了 Greenberg 的公式 A 作为研究语言差异的工具，然后再运用相关方法来观察差异与国家其他发展的关系。根据 77 个国家的数据，语言差异和 GNP 的相关性为 –0.35，说明差异少和人均 GNP 高略有关系。另外两个指标则相关性略高一些，一个是城市化（r = –0.52），一个是文盲（r = 0.49)。但是进一步的纵向研究表明语言差异和这些相关较高的指标不一定存在因果关系。

2. Kuo（1979）使用交际指数来表明新加坡和西马来西亚的社会语言型式。这两个国家的语言差异涉及六种语言：马来语、英语、泰米尔语、普通话、福建话和广州话。下表为 1978 年调查的这六种语言的交际指数：

表 4.20　6 种语言在新加坡和西马来西亚的交际指数

	马来语	英语	泰米尔语	普通话	福建话	广州话
新加坡	0.453	0.381	0.408	0.004	0.607	0.399
西马来西亚	0.746	0.081	0.060	0.013	0.084	0.066

这两个社会的语言型式有很大不同：除泰米尔语外，其他语言在新加坡的交际指数的水平大致差不多，所以新加坡人的交际靠的是学习其他民族的语言，而不是靠学习一种共同语言。西马来西亚的情况则不同，马来语的交际指数最高，说明它已被选择为第二语言，起到了民族语言的作用。新加坡承认马来语为民族语言，但它还承认英语、普通话和泰米尔语为“官方语言”。福建话的交际指数是最高的，但它的跨民族的指数却很低，指数高是因为说福建话

的社区规模特别大。

3. 双语补偿。公式 A 的问题在于它没有考虑多语制，这在公式 H 中得到纠正。Weinreich（1957）提出另一种方法，即测量双语制的补偿语言差异的程度。这就是说，如果差异高，那么双语制也会高一些。在那些说不同语言的人比较多的地区，人们就会多学一种语言。他给出的公式是：

$$k = B/D \tag{4.11}$$

B 是人口中说双语的人数比例，D 是语言差异。Weinreich 发现在很多地区的 k 都接近 1，说明语言差异为双语制所补偿。k 值低于 1 的地方多为山区和沙漠地带，那是交际较困难的地方。用公式 A 的符号也可建立一个测量双语制补偿的公式。A 指数为抽取两个不共享母语的人的概率。B 是从人口中抽取一个说双语的人的概率。要保证两个人能够交际，只需要其中一个人会双语。所以，如果抽取一个懂双语的人的概率和从一对说不同语言的人抽取到一个说双语的人概率相等，差异就得到补偿。我们所需要的是双语制的比例除以公式 A 的一半的比率。

$$C = B/(A/2) \tag{4.12}$$

或

$$C = 2B/A \tag{4.13}$$

C 为补偿指数，B 为双语比例，A 为公式 A 的指数。

第五章 以使用为基础的理论

5.1 理论的提出

在描写语言中使用语料库方法已非常普遍，在历史语言学（包括语言变化）、二语习得中也应用甚广。从历史上看，欧洲的新语法论者认为很多语音变化都是有规则性的，在有关的语音环境里，这些变化都会影响所有的词。现代语言学，从 Saussure 到 Chomsky，特别是美国结构主义学派，都主张关注说话人对符号和结构的知识（即 competence）而把说话人之间的交际（即 performance）放在一旁。但是从 20 世纪 70 年代至今，人们都觉得语法来自实际话语的语言使用，功能主义学派就是研究在话语和交往环境中的语法，以及在语法化过程中语法的动态变化。他们觉得把语言使用置之不顾是移去了一个重要的源泉。例如 Chomsky 所编造的句子 Colorless green ideas sleep furiously, 是为了说明它在英语语法里是可以接受的，但是如果我们在任何一个语料库中都查不到这句话（除非是专门引用这一句话），那么就说明没有人用它来进行交际。

于是在语言学里，在考虑相关证据的范围和语法怎样与认知相关的范围之间就产生了分歧，特别是在特定项目知识和它怎样与更为普遍知识相互交往并产生方面有了新的认识：开始观察在形成语言范畴和表征中经验所起的作用。由此出现以使用为基础（一般称为 use-based 或 usage-based）的模型[1]，也被称为概率性（probabilistic）模型。其核心思想是一个用户的语言是通过接触很多语言使用事件而涌现的。这意味着对于一种语言模型而言，其预测的型式和其表征并不分离，其词汇和语法相互交错在一起，对特殊和普遍范围都是如此。

1 我们暂称为“以使用为基础”，因为 usage 在汉语里还可译为“用法”，而“用法”又往往用来表示“习惯用法”（idiomatic usage），而习惯用法却不能覆盖“使用”，更难以引申成为频数。也有人（如 Croft）主张称为 utterance-based（以话语为基础）。其道理一样，但强调面略有不同。

在输入里，不管是类型还是标形，对建立语言系统模型都是同样重要的。Croft（2000）提出语言变化的进化论模型，认为语言演变中的DNA就是语句，但是它不是个人的DNA传递，而是通过让新的说话人接触语言使用而传递的。在语言习得方面，不少研究表明，儿童早期习得语言会使用一些特别的词语组合，与词次和词型的频数有关。他们并非受内在范畴和规则所引导，而是与他们在经验中所接触的话语和照顾式言语有关。在方法论上的一个重要突破是大型语料库的出现以及许多词语索引软件的出现，例如Sinclair（1991）发现英语中的of并不像其他介词，用途甚广。Bybee（2007）对语言使用研究了30年，与很多合作者发表了有价值的文章，牛津大学出版社专门为她出版了一个集子，覆盖形态语音变化、语音变化、形态句法频数效应等方面，值得一读。

5.2 频数效应

在前面（3.7.2），我们谈过话语分析的定量研究，已经接触到频数的问题。按照Bybee的看法，可以用不同的方法、单位来计算频数，而频数也可以在不同方面发生认知。首先当然是标形和类型的频数，标形频数是一个单位在连续性文本里所出现的次数。它可以是一个辅音（/s/）、一个音节（/ba/）、一个词（dog）、一个短语（take a break），甚至一个句子（Your toast popped up）。类型频数则是一种十分不同的算法，只有语言型式才有类型频数，因为它表示一个语言型式里有多少个不同的项目。类型频数可以应用于音素结构系列，如比较语言中有多少词是以sp或sf开头的。

Bybee认为标形频数（token frequency）有三种效应：

其一是保护性效应（The Conserving Effect）。这是因为重复可以加强语言形式的记忆表征，使其容易提取。英语有很多使用频数高的不规则动词，如keep和sleep因为使用频数多而抗拒早期中古英语元音简短使动词规则化（+ed）的倾向，保留其kept和slept的形式。但是有些使用频数较低的动词如weep和leap却抗拒不了，于是成为weeped和leaped（但仍然保留其不规则形式wept和leapt）。又如在形态句法中，I know nothing about it（包含否定义）和I don't know anything about it（否定式），两者意义一样，前者较早使用且较保守，多见于高频结构。

其二是减少性效应（The Reducing Effect）。一些经常使用的短语，如问候语（God be with you > goodbye，how are you > hi）应尽量减少语音负担。还有经常使用的助动词、情态动词、否定式，代词等，都有这种效应。减少声音负担普遍存在于各个频数平面，因为神经肌动系列的重复会导致说话负担的减少，使人们把它当作一个单位，缩略语如 WTO，CPR，UK 等在现代社会的流行也是符合语言经济性原则的。这就是 Zipf（1935，1949）所提出的花最小气力的原则：越是高频词就越短。Bybee 的解释是高频词比低频词用更快的速度发生减少效应。从表面来看，减少性效应和保护性效应好像有点矛盾：高频既促进变化，又不鼓励变化。但是这种矛盾仅是表面的，因为所涉及的变化是不同类型的。一方面，记忆的增强使复杂单位抗拒变化（如常用的不规则动词），另一方面，越是流利和减少重复的单位越是语音变化和词义变化的一个因素（God be with you > goodbye，going to > gonna），factory 后面的 tory 可以弱化为 /tri/。

其三是自主性（Autonomy）。也可以认为是保护性效应的极端。自主性是就一个词来说的，一个独立自主的词必须有其本身的词汇表征，不会在形态上和别的词的产出规则相关，在语音和语义上也是独立自主的，不可能通过别的普遍规则来预测其语义和语音。例如英语中的 archive，sibling，flagrant 都是自主的，但是 siblings 却不是自主的，因为它通过一条产出规则而变为复数。所以自主性是“表示一个词在说话人的词汇里作为一个完整而独立单位的程度”。

至于类型频数则略为简单，它是型式和结构的一种特性，指一个开放性结构里有多少个不同的项目，或一个型式可以被多少个项目代表。sibling 和 siblings 是两个标形，但却是一个类型。类型频数是决定一个结构的产出性程度的重要因素，例如科技性文章的类型频数远比叙述性文章或小说的多，因为其涵盖内容更多且更复杂。类型频数对产出性的贡献还在于当一个有不同项目的结构占有一个位置时，就要作语法分析。如果一个人不知道别的相关词，只知道 happiness，他就不知道这个词有两个词素；如果他还知道 happy，那么他就知道 -ness 是加在形容词后面的一个后缀。

语法的形成主要是范畴的问题。每一个结构都有范畴，以填充在其中的各种空档里。每一个音素也是一个范畴，同时也因为有音素的变化而变得复杂。

表示过去或将来的语义概念，由于处在特定语境中而使意义变得复杂。类型在范畴里的特性建立起一个界限：有多少类型和产出性的程度有关。标形频数可以看作影响范畴和其界限的中心的感知。在语音里，高频词得以保留，而低频词却被边缘化。

至于高频还是低频往往也不容易判定，没有一个单独的标准。因为我们往往从不同的资源里寻找频数信息，例如早期的研究往往依赖于书面语料，难以收集口头语料。而口头语料也应该是自发性言语（spontaneous speech），指的是口头交际中实际使用的，而不是在某些出国考试里应付"访谈"背下来的东西。在研究标形频数时，需要找出高频和低频的切割点。问题在于在高频类型里有很多标形（以 CLEC 为例，the，to，and，of，in，a，is 七个词的标形占了 100 多万词的 99.33%），而在低频标形里又有很多类型（有 89 个词都是 20 标形的）。因此，如果我们按标形划一半（上半为高频词，下半为低频词），那么高频组就没有多少个类型。相反，如果我们按类型来画一条线，在高分组那里的标形就会大大地超过低分组。所以多数研究都会作出妥协，在频数表里把 30% 到 50% 的标形放在一组，把 50% 到 70% 的放在另一组。

5.3 频数的应用

怎样计算频数在话语分析的定量研究中已经有所涉及，这里不再重复。其实频数的应用面广，以使用为基础的模型设计面更广，特别在语言习得方面具有指导性意义。以我国为例，我国属于英语的扩展圈，并没有英语社区，也就是没有使用英语来进行交际的场合和机会。不少人求助于死记硬背单词，将其看成是不二法门。其实核心问题，不在于"背"，而在于"用"，用得多才能"记"得多。心理语言学家 Tomasello（2003）专门提出"一种以使用为基础的语言习得理论"：从语言起源的角度来看，人类的语言交际是符号性的，符号是社会上"约定俗成"的，一个人通过符号导向把另一人的注意力或心理状态导向外部世界的一些事物上。因为只有在交际过程中才使用了"了解意图"的机能，而死记硬背却只限于把词的形状和意义的关系记下来，以便应付考试。了解意图可能是人类独有的，在人类进化过程中出现得较晚些。儿童学话的另外一种机能是找寻各种型式（即范畴化），通过型式来了解成人怎样在不同语境中使用语言符号。以使用为基础的理论认为，语言的本质在于其符号学维度，语法则起推导作用，与同族人交际能力是一种物种独有的生物上的适应力。所以人类的语言交际是有语法性的。人类把语言符号结合成一些型式，而这些型式就是语言结构，具有其自身的意义。与生成语法或其他形式主义学派不同，以使用为基础的观点认为语言的语法维度是一系列历史和个体的发育过程，可以称为语法化过程。支持这种观点的语言学家有 Langacker，Croft，Goldberg，Givon，Bybee，Tomasello，Barlow 和 Kemmer 等，他们通常被称为认知功能语言学派。

在以使用为基础的理论里，自然语言的一种能力包括掌握所有词项和结构，它们构成了一套比形式主义的“核心语法”更为复杂和多样的语言表征。

以使用为基础的理论的基本信条如下：

1. 语言的主要目的是交际，交际使用塑造了语言本身。

2. 自然语言总是在语境中，使用者在构建一个话语时受到一系列语境因素的影响。

3. 语言是学来的，包括词搭配和频数信息的使用型式对学习语言系统至关重要。

4. 意义并非只保存在词项里，语法型式本身也是有意义的。

5. 语言可以通过一个单层面的模型来准确说出并完全说明。

5.4 方法论

Geeraerts（2006）在专门讨论认知语言学方法的文章里指出，语言学就整体而言，应该得益于实证研究，而认知语言学应该是最好的起点，可惜的是认知语言学家并没有广泛地使用实证性研究。实证性研究有几个要点：

1. 实证性研究都是受数据驱动的。我们不能根据某个个案或孤立的观察去下结论。为了观察一个特定的现象，我们必须收集更多的数据。由于现代计算机以及多媒体和网络化的发展，大量数据的收集并非难事。

2. 实证性研究涉及定量方法，我们需要用统计学的方法检测我们的观察和结论是否纯属偶然。

3. 实证性研究取决于提出正确的问题——这就是假设的形成。我们往往认为只要有抽样和非抽样的数据库，结论就会自然产生。其实唯一的结论应该是你所形成并检验那些与你的假设有关的结论。

4. 实证性研究需要假设的操作化，操作化就是把假设变为具体数据。

5. 实证性研究涉及一个实证周期，必须来回几个周期去收集数据、检验假设和解释结果。

5.5 为什么语言学需要一个实证性革命

认知语言学有好几个不同的版本，一个是 Langacker 式（狭义的认知语法），一个是 Talmy 式的认知语言学（虽然使用比喻 / 定境相对立的概念，但仍可识别其不同），还有各种构建语法。从表面看来，有那么多的理论好像也不太正常。以心理学为例，它就没有那么多理论，如心理语言学可以对很多问题有不同的看法，但是它依赖的是通过实验方法去验证这些看法。心理语言学的基石是实验性范式。这说明语言学有各门各派，但是都没有使用实验性范式，理论上的讨论往往陷入"哲学的沉思"，语言学需要一次实证性革命。这涉及三个方面：

1. 针对特定的实证性现象进行系统的比较。就认知语言学本身而言，对不同的理论和方法进行分析性和批判性比较并不多见。

2. 作为一种社会推理，语言学家往往和其自身的理论群体结伴在一起，每一派都有其建派大师，如 Chomsky，Halliday，Labov 等，他们都是这一派的权威，有其刊物、特定方向的学会和地方标准来决定一个新生怎样融入群体。

3. 语言学家并没有共同的实证性基地，使用一套为大家所接受的方法就能导出一系列的观察。

所以语言学应该首先发展一种独立的、可以观察的语言，然后不同的语言学理论都可以映射其上，像心理语言学那样对在某种环境下所了解到的受试行为作出陈述。其目的是把理论概念和陈述变为独立的、可测量的和不同的实证性陈述。这可能是语言学的一场革命。认知语言学起码有三个特征有利于这个转变：一是它本身的认知性质，二是它采取的以使用为基础的视野，三是它重视语言结构的语境化。

Geeraerts 根据 1985—2004 年的认知语言学杂志的文献（每 5 年为一项）所作的统计如下：

	1985—1989 n=766		1990—1994 n=1140		1995—1999 n=1881		2000—2004 n=2314	
corpus	4	0.5%	18	1.6%	68	3.6%	215	9.3%
experiment(al)	15	2.0%	46	4.0%	119	6.3%	214	9.2%
empirical	24	3.1%	59	5.2%	116	6.2%	213	9.2%
data	21	2.7%	69	6.0%	151	8.0%	249	10.8%
total	64	8.3%	151	13.2%	357	19.0%	648	28.0%

我们可以从表中看到，依赖数据的各种方法都有很大提高，从第一个 5 年来看，由原来只占 8.3% 提高到最后 5 年（2000—2004）的 28%。而语料库方法从 0.5% 提高到 9.3%。

其实，以使用为基础的理论和语料库语言学也有非常密切的关系。2002 年在瑞典召开的第 23 届 ICAME 国际会议上，许多语料库的老前辈都参加了，并出了一本文集，Aijmer 和 Altenberg（2002）在这个文集的序言里回顾了 20 世纪 60 年代以来语料库语言学的发展，从词汇学和术语抽取到信息提取和机助翻译，语料库的方法对语言学的每一个分支都是不可或缺的。“但是，语料库语言学的最重要成就无疑是它把语言使用放在语言学的中心地位。在语言理论和实际处理中，计算机语料库已经把语言学放在结实的基础上，强调语言的功能和交际基础。”语料库语言学的边界正在扩充，它可以用来研究文本和语篇、语言的变化和发展、语言形式和语言功能、口头语与书面语、母语习得和学习者语言等。由于现代科学技术（如网络的四通八达、个人电脑的普及、电脑存量激增、扫描仪的升级、建库软件等）的日益普及，任何人都可以在短期内建立符合个人需要的语料库，并获得数据支撑。使用语言理论的核心问题是频数。频数就是语言数据，可以用来支撑一些假设（data-based），也可以发现一些新现象（data-driven）。一个鲜明的例子是 Louw（1993）提出的语义韵（semantic prosody）受到很多语料库语言学家的重视，因为这说明以频数为基础可以发现很多难以发现的问题。Sinclair 和 Hanks 所主编的 Collins Cobuild 英语词典就是根据他们所建立的 Bank of English 而编写的，体现了语料库的一些新发现，例如它对 cause 的定义是 The cause of an event，usually a bad event，is the thing that make it happen。Stubbs（1995）在这个基础上专门讨论了 cause（引起）的用法，他认为 cause 在 90% 的情况下都是用于不愉快的情况，如事故、癌症、损害、死亡等，这些情况往往由抽象名词来表示，如 alarm，chaos，crisis，confusion 等。而且这些不愉快的搭配词都与医疗有关，如血液、死亡、艾滋病等。经常在一起使用的形容词是 serious，great，major 等。杨惠中等（2002）对 cause 和那些带有消极意义的词也作了很好的归纳。那么中国学习者对 cause 的掌握程度又如何呢？我们分析了 CLEC 中的数据，发现从高中生到大学生对它的认识程度和使用能力都在逐步发展中，如下图：

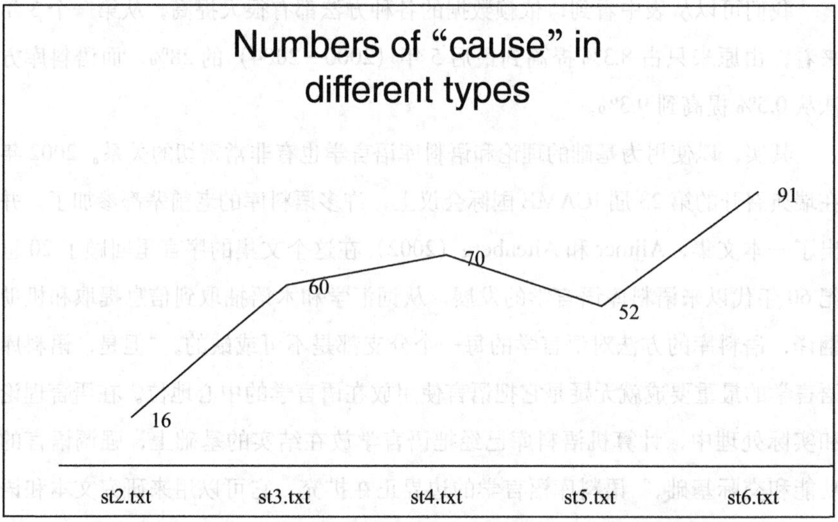

图 5.1　不同水平的中国学习者使用 cause 的示意图

例如在高中生（st2）的作文里，就出现了 cause two million and five thousand *Li* Long March；to learn all the new words through the ear of cause；cause them to notice me；有两个用了 revolution cause，另外两个则用了 of cause，那不属于我们要讨论的范围。到了大学毕业生（st6），不但使用的频数增加，而且多用于表示“引起不愉快的事情”。需要说明的是，在这里收录的各类学生的文本数量大致一样，都是 20 万词，所以 cause 是具有可比性的。

第六章　行动研究

行动计划属于一种定性研究，一般分为两种：一种称为参与性行动研究（participatory action research），一种称为实际行动研究（practical action research）。实际上都强调亲身参与活动。首先是麻省理工学院的 Kurt Lewin 教授于 1944 年提出“行动计划”这个问题，针对美国少数民族的教育，他主张对各种社会行动进行比较研究，从而找出一种社会行动。可使用螺旋性步骤，实现多个周期，每一周期都必须有计划、行动、了解行动结果的事实。可见行动研究不是一蹴而就的过程，也不是作一次定性的调查或作一次实验性研究所能完成的。这当然不是否定定性或定量方法的作用，Norton（2009）认为两种方法可以互补，各有各的好处。

但是有了这两种方法就够了，为什么还要提倡行动研究呢？这和行动研究的初衷不无关系，Townsend（2014）引述了 Lewin 的话：“如果研究产生的结果仅是书，那是远远不够的。”行动研究是一种集体协作的研究，把一群人集合在一起去完成一项共同的事业，这种协作性的研究可提供互相切磋和交流思想的机会，从而集思广益以求新和求变。其中一个重要的特点是研究制定者本身也是研究的执行者。我们往往将重点放在行动计划上，使它尽量完整和全面，一旦计划获得领导批准，就万事大吉了。但是行动计划强调参与性，也就是计划的“执行者”（executors）的问题。实际上，计划的执行者和制定者同样重要，因为计划的实施会遇到很多复杂情况，所以行动计划的核心是参与性，只有参与才能反思、才能面对新情况采取新策略。这其实也是毛泽东《实践论》的核心思想：“实践、认识、再实践、再认识，这种形式，循环往复以至无穷，而实践和认识的每一循环的内容，都比较地进到了高一级的程度。”

那么怎样进行行动研究呢？Norton（2009）就教学领域所应该采用的方法进行了专门讨论。他指出其根本的研究目的是探究：

- 教学和评估的某些方面
- 学生学习经验或学业成就的某些因素
- 一些别的合适的变量

其基本目的是发展、评估和改进我们的实践。在决定哪种方法更为合适时，我们必须首先询问自己。但是缺乏经验的研究者却往往在没有考虑一个研究计划的目的、方法和可能作的分析之前就去开始一项研究，所以我们必须先有一个研究草案框架：

- 它可以从一开始就帮助你明确研究思路
- 更重要的是，它可以作为我们研究目的的书面提醒录

6.1 行动研究的八项方法论原则

Somekh 从 20 世纪 80 年代开始当英语教师，一直关心行动研究的问题，从 1992 年起主编国际刊物《教育行动研究》(*Educational Action Research*) 多年。他的作品从书名开始就醒目地标出行动研究的核心：一种变化和发展的方法论。他认为行动研究方法论应该有八条原则：

1. 行动研究把研究和行动通过一系列弹性的周期结合在一起。其结合是整体性的，而不是分离性的步骤：关于调查题目的数据收集、分析和解释；为了获取肯定变化而作的计划和引进的行动策略；通过进一步收集、分析和解释数据而产生的变化评估等，一直到别的弹性周期的产生，最后才决定其结果。因为行动研究是正在进行的社会群体活动的有机部分，所以这种循环的过程是不会中止的。

2. 行动研究由一些研究者和参加者的协作活动组成。这些合作关系可以有多种，如实践者—研究者、学生—雇员或同事等。他们也可以是不同的“内部人”和“外部人”组合。但是在这些组合里，谁说话算数才是重要的。

3. 行动研究涉及知识的发展和一种独特的理解。它的焦点是自然社会环境（像工作间）的变化和发展，以及参加者 / 研究者本身就是内部人，他们有独特的认识和了解。

4. 行动研究的起点是转变社会的理想和希望，为大家取得更大的社会公平。行动研究的价值观并非中性的；行动研究者的目标是有道德地行动，通过研究促进社会公平。

5. 行动研究涉及高水平的反思，需要对自己在整个研究中的仲裁过程十分

敏感。通过行动研究，我们每一个参与者和同事一起改变日常生活，并希望由此改善工作过程、关系和结果。

6. 行动研究涉及探索性地参与各种现存的知识（来自心理学、哲学、社会学和别的社会科学）以检验它本身的解释力和实际用途。

7. 行动研究通过把研究和对实践的反思结合在一起，激发参与者强烈的学习兴趣。与其他定性研究一样，数据分析和意义发展都涉及把自我作为研究工具。但是在行动研究中，自我认知的发展十分重要，就像其他定性研究一样，数据分析和解释的过程都把自我作为探究工具。

8. 行动研究旨在对更广泛的历史、政治、意识形态的情景进行探索。这些情景塑造和限制人类活动，包括经济因素等。Somekh 强调内部参与者和外部人的共同协作更容易取得更广阔的视野，外部人带来更专业的知识，而内部人在他们所处的更大框架里的分析中，只熟悉他们研究方位所处的制度性的文化和各种假设。

实际上，Somekh 的八条原则涉及一些基本认识和概念，对开始接触行动研究的人来说，应该有一个统一的认识，比如对行动的性质、自我的性质、力量的性质、作为组织变化代理的行动研究、协作和解放、社会公道和民主、行动研究中的知识生成等。如果对这些问题的认识不一致，执行行动研究就不会顺畅。限于篇幅，我们在这里就不再展开了。

6.2 怎样制定一个研究草案框架?

总体说来，研究草案框架可以有不同的方式和内容，但是具体来说，离不开下面的几项内容：

1. 前页。它应该包括完整的题目、版本数、时间和研究组联系细节，包括所属的组织、地址和通讯方式。

2. 对所建议的研究的描述。这应该是对所研究的目标、意义、设计和所建议的方法的一个明确归纳。其主要目标是归纳和总结研究意图，以指引研究的整体目标和内容。

3. 理论背景，包括对目前研究的一个批评性的评述。哪些问题是已有答案的？哪些是尚无答案的？在这个领域内的前期研究有些什么问题和缺点？研究将怎样延伸这个领域的研究？

4. 研究方法。说明为什么要采用这一特定的研究方法。这一段应该说明所要完成任务的计划，一般包括几个分步。这些分步和研究的“心脏”有关，必须有足够的细节信息。在某些学校里，行动研究并不算真正的研究，应该更详细地说清楚自己的思路，以获得更大的信心。同时还要对整个设计进行整体回顾，这包括明确地说明为什么选择这种设计以达到研究主要目标的理由，然后还要交代清楚研究材料的来源、取样方法和处理程序。

5. 数据分析必须按照研究设计来加以说明。在设计阶段必须详细地考虑采用哪种数据分析方法才能使研究方案得到最有力的支撑。如果决定使用统计分析法，就必须决定哪种检测手段所获取的数据才能最好地说明自己的预测。如果决定使用定性方法，那就必须尽量就数据收集、编码、分类、范畴化和验证提供更多的信息。

6. 时间表和完成阶段。这是一个研究建议的组成部分，应该体现一个现实的时间标尺和应对方案，以防在执行计划时出现意想不到的问题。此外，它还应该包括计划的终点和流程图。

7. 传播计划。对研究结果怎样有利于学生和学校单位的政策和实践应该有所勾勒。

8. 后续计划。特别是在学校行动研究中，后续计划应该是一系列的研究周期，循环往复，不断深化。

9. 参考读物。最后应该列出所有的参考读物，最好包括主题和作者的索引。

参考文献

Aijmer, K. & E. Altenberg. 2002. *Advances in Corpus Linguistics: Introduction*. Paper presented at the 23rd International Conference on English Language Research on Computerized Corpora (ICAME23).

Alderson, J. 1985. *Cognitive Psychology and Its Implications*. New York: W.H. Freeman.

Allen, J. & A. Davies. 1977. *Testing and Experimental Methods*. Oxford: Oxford University Press.

Allen, J. 1979. *A Plan-based Approach to Speech Act Recognition*. Technical report 131, University of Toronto, Toronto.

Allen, J.P.B. & A. Davies. 1977. *Testing and Experimental Methods*. Oxford: Oxford University Press.

Anastasi, A. 1982. *Psychological Testing* (5th Edition). New York: Macmillan.

Angouri, J. 2010. Quantitative, qualitative or both? Combining methods in linguistic research. *Research Methods in Linguistics*, 29-49.

Bachman, L. 1990. *Fundamental Considerations in Language Testing*. Oxford: Oxford University Press.

Bloomfield, L. 1925. Why a linguistic society? *Language*, 1: 1-5.

Bloomfield, L. 1927. Literate and illiterate speech. *American Speech*, 2: 423-439.

Bloomfield, L. 1933. *Language*. Chicago: University of Chicago Press.

Boas, F. 1911. *The Handbook of American Indian Languages*. Bureau of American Ethnology.

Bogdan, R.C. & S.K. Biklen. 1982. *Qualitative Research in Education*. Boston: Allyn & Bacon.

Bourhis, R. & H. Giles. 1976. The language of cooperation in Wales: a field study. *Language Sciences*, 42: 13-16.

Bower, G. & Clapper. 1989. Experimental methods in cognitive science, in Posner (ed.).

Bowerman, M. 1974. Learning the structure of causative verbs: a study in the relationship of cognitive, semantic and syntactic development, in E. Clark (ed.), *Papers and Reports on Child Language Acquisition* No.8. Stanford University Committee on Linguistics. pp. 142-178.

Bresnan, Joan. 1978. A realistic transformational grammar, in M. Halle, J. Bresnan and J. Miller (eds.), *Linguistic Theory and Psychological Reality*. Cambridge: MIT Press. pp. 1-59.

Broadbent, D. 1954. The role of auditory localisation in attention and memory span. *Journal of Experimental Psychology*, 47.

Brown, J. 1988. *Understanding Research in Second Language Acquisition*. Cambridge: Cambridge University Press.

Brown, R., & C. Hanlon. 1970. Derivational complexity and order of acquisition in child speech, in J.R. Hayes (ed.), *Cognition and the Development of Language*. New York: Wiley.

Bulter, C. 1985. *Statistics in Linguistics*. Oxford: Blackwell.

Burroughs, G.E.R. 1971. *Design and Analysis in Educational Research*. Educational Monograph 8, Birmingham: University of Birmingham.

Butts, R.E. & J. Hintikka (eds.). 1977. *Basic Problems in Methodology and Linguistics: Logic, Methodology and Philosophy of Science*. Dordrecht: Reidel.

Bybee, J. (ed.). 2007. *Frequency of Use and the Organization of Language*. Oxford: Oxford University Press.

Campbell, D. & D. Fiske. 1959. Convergent and discriminant validation of multitrait-multimethod matrix. *Psychological Bulletin*, 56: 81-105.

Campbell, D. & J. Stanley. 1963. *Experimental and Quasi-experimental Designs for Research*. Reprinted from *Handbook of Research on Teaching*. Boston: Houghton Mifflin Company.

Carberry, M. 1988. Pragmatic modeling: toward a robust natural language interface.

Computational Linguistics, 3.

Carmines, E. & R. Zeller. 1979. *Reliability and Validity Assessment*. London: SAGE Publications.

Carroll, J.B. et al. 1971. *Word Frequency Book*. Boston: Houghton Mifflin Co. & New York: American Heritage Publishing Co., Inc.

Carroll, J.B. & M.N. White. 1973. Age-of-acquisition norms for 220 picturable nouns. *Journal of Verbal Learning and Verbal Behavior*, 12: 563-576.

Carside, R. et al. (eds.) 1987. *The Computational Analysis of English*. London: Longman.

Chafe, W. (ed.) 1980. *The Pear Stories: Cognitive, Cultural and Linguistic Aspects of Narrative Production*. Norwood, New Jersey: Ablex.

Charniak, E. 1977. A framed painting: the representation of commonsense knowledge fragment. *Cognitive Science*, 1(4).

Child, D. 1970. *The Essentials of Factor Analysis*. London: Holt, Rinehart & William.

Chomsky, N. 1957. *Syntactic Structures*. The Hague: Mouton.

Chomsky, N. 1965. *Aspects of the Theory of Syntax*. Cambridge: MIT Press.

Chomsky, N. 1981. Principles and parameters in Syntactic Theory, in L. Hornstern (ed.), *The Logical Problems of Language Acquisition*. London: Longman.

Chomsky, N. 1995. *The Minimalist Program*. Cambridge: MIT Press.

Clark, H. 1970. The primitives nature of children's relational concepts, in J.R. Hayes (ed.), *Cognition and the Development of Language*. New York: Wiley.

Clark, H. 1973. Space, time, semantics, and the child, in E. Moore (ed.), *Cognitive Development and the Acquisition of Language*. New York: Academic.

Cohen, R. 1987. Analyzing the structure of argumentative discourse. *Computational Linguistics,* 13: 1-2.

Cook, V. 1986. *Experimental Approaches to Second Language Learning*. Oxford: Pergamon.

Cooper, R. & J. Fishman. 1974. The study of language attitudes. *International Journal of the Sociology of Language*, 3: 5-19.

Cooper, R. & A. Weekes. 1983. *Data, Models and Statistical Analysis*. Oxford: Philip Alan.

Coxhead, A. 2000. A new academic word list. *TESOL Quarterly*, 34(2): 213-238.

Creswell, J. 2002. *Qualitative, Quantitative, and Mixed Approaches* (2nd Edition). London: SAGE.

Croft, W. 2000. *Explaining Language Change: An Evolutionary Approach*. New York: Pearson Education.

Crystal, D. 1987. *The Cambridge Encyclopedia of Language*. Cambridge: Cambridge University.

Crystal, D. & D. Davy. 1969. *Investigating English Styles*. London: Longman Group.

Curtiss. S. 1981. Dissociation between language and cognition. *Journal of Autism and Developmental Disorders*, 11: 55-130.

Deets, J. 1967. *Invitation to Archaeology*. New York: Natural History Press.

Dennis, M. & A. Harry. 1976. Language acquisition following hemidecortication: linguistic superiority of the left over right hemisphere. *Brain and Language*, 3: 404-433.

Donders, F. 1969. On the speed of mental processes (1869–1869). *Acta Psychologica*, 30: 412-431.

Dörnyei, Z. 2007. *Research Methods in Applied Linguistics: Quantitative, Qualitative, and Mixed Methodologies*. Oxford: Oxford University Press.

Dowty, D. 1982. Grammatical relations and Montague grammar, in P. Jacobson and G.K. Pullum (eds.), *The Nature of Syntactic Representation*. Dordrecht: Reiddel. pp. 79-130.

Dundes, A. 1962. From etic to emic units in the structural study of folktales. J*ournal of American Folklore*, 75: 95-105.

Eckardt, B. 1993. *What is Cognitive Science*. Cambridge: MIT Press.

El-Dash, L. & R. Tucker. 1975. Subjective reactions to various speech styles in Egypt. *International Journal of the Sociology of Language*, 6: 33-54.

Eysenck, M. 1988. *A Handbook of Cognitive Psychology*. London: Lawrence

Erlbaum Associates.

Farringdon, M. 1987. A computer-aided study of the prose style of Henry Fielding and its support for his translation of the Military History of Charles XII, in Ager, D. et al. (eds.), *Advances in Computer-aided Literary and Linguistic Research*. Birmingham: University of Aston in Birmingham.

Fasold, R. 1984. *The Sociolinguistics of Society*. Oxford: Blackwell.

Ferguson, C. 1966. National sociolinguistic profile formulas, in W. Bright (ed.), *Sociolinguistics*. The Hague: Mouton. pp. 309-324.

Fikes, R. & N. Nilsson. 1971. STRIPS: a new approach to the application of theorem proving a problem solving. *Artificial Intelligence*, 2: 189-208.

Fillmore, C.L. 1968. The case for case, in E. Bach and R.T. Harms (eds.), *Universals in Linguistic Theory*. New York: Holt, Rinehart & Winston.

Firbas, J. 1975. On the thematic and non-thematic section of the sentences, in Ringbom (ed.), *Style and Text: Studies Presented to Nils-Erik Enkvist*. Stockholm: Skriptor.

Firth, J. 1957. Ethnographic analysis and language with reference to Malinowski views, in J.R. Firth (ed.), *Man and Culture. An Evaluation of the Work of Bronislaw Malinowski*. London, pp. 93-118.

Fishman, J. 1968. Sociolinguistics and the language problems of developing countries, in Fishman and Das Gupta (eds.), *Language Problems of Developing Countries*. New York: John Wiley and Sons.

Flint , H. 1979. Stable societal diglossia in Norfolk Island, in Mackey & Ornstein (eds.), *Sociolinguistic Studies in Language Contact: Methods and Cases*. The Hague: Mouton.

Frake, C. 1968. The ethnographic study of cognitive systems, in J. Fishman (ed.), *Readings in the Sociology of Language*. The Hague: Mouton. pp. 434-446.

Fries, C. 1940. *American English Grammar*. New York: Appleton-Century-Crofts.

Fries, C. 1952. *The Structure of English*. New York: Harcourt, Brace and Company.

Gagne, R. 1977. *The Conditions of Learning*. New York: Holt, Rinehart & Winston.

Garside, R. & F. Leech. 1987. The UCREL probabilistic parsing system, in Garside et al. (eds.).

Gazdar, G. 1981. Unbounded dependencies and coordinate structure. *Linguistic Inquiry*, 12: 155-184.

Gazdar, G, et al. 1985. *Generalized Phrase Structure Grammar*. Cambridge: Harvard University Press.

Geeraerts, D. 2006. Methodology in cognitive linguistics, in Gitte Kristiansen et al. (eds.), *Cognitive Linguistics: Current Applications and Future Perspectives*. Berlin: Mouton de Gruyter.

Good, I. 1953. On the population frequencies of species and the estimation of population parameter. *Biometrika*, 40: 237-264.

Green, P. 1975. *The Language Laboratory in School*. Edinburgh: Oliver & Boyd.

Greenbaum, S. & R. Quirk. 1970. *Elicitation Experiments in English Linguistics Studies in Use and Attitude*. London: Longman Group.

Greenberg, J. 1956. The measurement of linguistic diversity. *Language*, 32(2): 109-115.

Greenberg, J. 1963. Some universals of grammar with particular reference to the order of meaningful elements, in J.H. Greenberg (ed.), *Universal of Language*. Cambridge: MIT Press. pp. 58-90.

Greenberg, J. 1968. *Anthropological Linguistics*. New York: Random House.

Greenberg, J. 1978. Typology and cross-linguistic generalizations, in J.B. Greenberg (ed.), *Universals of Human Language: Volume 1: Method and Theory*. Stanford: Stanford University Press.

Grosz, B. 1977. The representation and use of focus in a system of understanding dialog, in *Proceedings of the Fifth International Joint Conference on Artificial Intelligence*, Cambridge, MA.

Gumperz, J. 1967. The social setting of linguistic behaviour, in N. Dittmar (ed.), 1976. *Sociolinguistics: A Critical Survey of Theory and Application*. London: Edward Arnold. pp. 190-191.

Gumperz, J. 1977. Sociocultural knowledge in conversational inference, in Muriel Saville-Troike (ed.), *Linguistics and Anthropology*. Washington, D.C.: Georgetown University Press. pp. 191-211.

Gumperz, J. & D. Hymes. (eds.) 1986. *Directions of Sociolinguistics: Ethnography of Communication*. Oxford: Blackwell.

Halliday, M.A.K. 1985a. *An Introduction to Functional Grammar*. London: Edward Arnold.

Halliday, M.A.K. 1985b. *An Introduction to Functional Linguistics*. London: Longman.

Harris, R. (ed.) 1988. *Linguistic Thought in England, 1914–1945*. New York: Routledge.

Harris, Z. 1951. *Methods of Structural Linguistics*. Chicago: University of Chicago Press.

Harris. Z. 1960. Preface to the Phoenix edition of structural linguistics, in Hartmann, P. (ed.), 1963. Theorie der Sprachwissenschaft. Assen: van Gorcum, from the translated version of Beaugrande, R. (1991). *Linguistic Theroy: The Discourse of Fundamental Works*.

Hatch, E. & H. Farhady. 1982. *Research Design and Statistics for Applied Linguistics*. New York: Newbury House.

Hauser, M., N. Chomsky, & T. Fitch. 2002. The faculty of language: what is it, who has it, and how did it evolve? *Science*, 298: 1569-1579.

Hawkins, C. & J. Weber. 1980. *Statistical Analysis*. New York: Harper & Row.

Herden, G. 1960. *Type-Token Statistics*. The Hague: Mouton & Co.

Herden, G. 1964. *Quantitative Linguistics*. London: Butterworth.

Hesse-Biber, S. & R. B. Johnson (eds.). 2015. *The Oxford Handbook of Multimethod and Mixed Methods Inquiry*. Oxford: Oxford University Press.

Hjelmslev, L. 1969. *Prolegomena to a Theory of Language*. Madison: University of Wisconsin Press.

Ho Sai Keung & R. Hoosain. 1984. Hemisphere differences in the perception of

Chinese opposites, in Kao, H. & Hoosain (eds.).

Hobbs, J. 1979. Coherence and co-reference. *Cognitive Science*, 1: 67-82.

Hope, J. 1994. *The Authorship of Shakespeare's Plays: A Socio-linguistic Study.* Cambridge: Cambridge University Press.

Horvath, B. 1985. *Variation in Australian English*. Cambridge: Cambridge University Press.

Huang, C. & T. James. 1982. *Logical Relations in Chinese and the Theory of Grammar*. Cambridge: MIT Press.

Hymes, D. 1964. Introduction to the scope of linguistic anthropology, in Hymes (ed.), *Language in Culture and Society.* New York: Harper & Row.

Hymes, D. 1972a. On communicative competence, in Pride and Holmes (eds.), *Sociolinguistics.* Harmondsworth: Penguin.

Hymes, D. 1972b. Models of the interaction of language and social life, in Gumperz, J. & D. Hymes (eds.), *Directions in Sociolinguistics: the ethnography of communication.* New York: Holt, Rinehart & Winston. pp. 56-57.

Hymes, D. 1974. *Foundations in Sociolinguistics: An Ethnographic Approach.* Philadelphia: University of Pennsylvania Press. pp. 73-79.

Jackendoff, R. 1972. *Interpretation in Generative Grammar*. Cambridge: MIT Press.

Jackendoff, R. 1977. X'-syntax: a study of phrase structure. *Linguistic Inquiry* Monograph Two. Cambridge: MIT Press.

Jacob, Evelyn. 1987. Qualitative research traditions: A review. *Review of Educational Research*, 57(1): 1-50.

Jacobson, R., Fant, C., & M. Halle. 1951. *Preliminaries to Speech Analysis—The Distinctive Features and Their Correlates*. Cambridge: MIT Press.

Johnson-Laird, P. 1988. *The Computer and the Mind*. London: Fontana.

Jöreskog, K. & D. Söbom. 1989a. *Lisrel 7: A Guide to the Program and Applications* (2nd Edition). Chicago: Jöreskog & Söbom/SPSS Inc.

Jöreskog, K. & D. Söbom. 1989b. *Lisrel 7: User's Reference Guide.* Scientific Software, Inc.

Just, M. & P. Carpenter. 1980. A theory of reading: from eye fixations to comprehension. *Psychological Review*, 87: 329-352.

Just, M. & P. Carpenter. 1987. *The Psychology of Reading and Comprehension*. Newton: Allyn and Bacon.

Kamenyama, Megumi. 1984. Subjective/logophoric bound anaphor Zibun, in J. Drogo, V. Mishra, and D. Testen (eds.), *Papers from the 20th Regional Meeting. Chicago Linguistics Society*, Chicago, 228-238.

Kao, H. & R. Hoosain. (eds.). 1984. *Psychological Studies of of Chinese Language*. Hong Kong: Chinese Language Society of Hong Kong.

Kaplan, Ronald & J. Bresnan. 1982. Lexical-functional grammar: a formal system for grammatical representation, in J. Bresnan (ed.), *The Mental Representation of Grammatical Relations*. Cambridge: MIT Press. pp. 173-281.

Kasher, A. 1991. *The Chomskyan Turn*. Cambridge: MIT Press.

Kinsella, V. 1982. *Cambridge Language Teaching Survey.* Vol. 1 & Vol.2, Cambridge: Cambridge University Press.

Kinsella, V. 1985. *Cambridge Language Teaching Survey*, Vol. 3, Cambridge: Cambridge University Press.

Kloss, H. 1968. Notes concerning a language-nation typology, in Fishman et al. (eds.), *Language Problems of Developing Nations*. New York: John Wiley & Sons.

Kuhn, T. 1970. *The Structure of Scientific Revolution*. Chicago: University of Chicago Press.

Kuo, E. 1979. Measuring communicativity in multilingual societies: the case of Singapore and West Malaysia. *Anthropological Linguistics*, 21(7): 328-340.

Labov, W. 1966. *The Social Stratification of English in New York City*. Cambridge: Cambridge University Press.

Labov, W. 1970. The study of language in its social context, in J. Fishman (ed.), *Advances in the Sociology of Language*, Vol.1. The Hague: Mouton.

Labov, W. 1972. *Sociolinguistic Patterns.* Philadelphia: University of Pennsylvania Press.

Lambert, W. et al. 1960. Evaluative reactions to spoken language. *Journal of Abnormal and Social Psychology*, 60: 44-51.

Larsen-Freeman & M. Long. 1991. *An Introduction to Second Language Acquisition Research*. London: Longman.

Laughlin, R. 1980. Of shoes and ships and sealing wax: sudries from Zinacatán. *Contributions to Anthropology* No. 25. Washington, D.C.: Smithsonian Institution.

Leech, G. 1977. *Semantics*. Harmondsworth: Penguin.

Leech, G & M. Short. 1981. *Style in Fiction*. London: Longman Group.

Lenneberg, E.H. 1967. *Biological Foundations of Language*. New York: Wiley.

Lieberson, S. 1964. An extension of Greenberg's linguistic diversity measures. *Language*, 40: 526-531.

Lieberson, S. 1967. Language questions in census, in Lieberson (ed.), *Explorations in Sociolinguistics*. pp. 134-151.

Lieberson, S & L. Hansen. 1974. National development, mother tongue diversity, and the comparative study of nations. *American Sociological Review*, 39: 523-541.

Litosseliti, L. (ed.). 2010. *Research Methods in Linguistics*. London: Continuum International Publishing Group.

Lord, F. 1980. *Applications of Item Response Theory to Practical Testing Problems*. Hillsdale: Lawrence Erlbaum.

Louw, W. 1993. Irony in the text or insincerity in the writer? The diagnostic potential of semantic prosodies, in Sampson, G. & D. McCarthy (eds.), *Corpus Linguistics: Readings in a Widening Discipline*. London: Continuum.

Lyons, J. 1968. *Introduction to General Linguistics*. Cambridge: Cambridge University Press.

Malinowski, B. 1922. *Argonauts of the Western Pacific*. New York: Mutton.

Malinowski, B. 1935. *Coral Gardens and Their Magic*. London: G. Allen & Unwin.

Mandelbrot, B. 1965. Information theory and psycholinguistics, in Oldfield, R. & J. Marshall (eds.), 1968. *Language*. Harmondsworth: Penguin.

Marshall, 1987. Tag selection using probabilistic methods, in Garside et al. (eds.).

McConnell, G. 1979. Constructing language profiles by polity, in Mackey & Ornstein (eds.), *Sociolinguistic Studies in Language Contact: Methods and Cases*. The Hague: Mouton.

McKeown, K. 1985. *Text Generation*. New York: Cambridge University Press.

Mellish, C. 1982. *Incremental Evaluation: An approach to the Semantic Interpretation of Noun Phrases*. Technical Report.

Miles, M. & M. Huberman. 1984. *Qualitative Data Analysis*. London: Sage.

Milroy, L. 1987. *Observing & Analysing Natural Language*. Oxford: Blackwell.

Mittins, et al. 1970. *Attitudes to English Usage*. Oxford: Oxford University Press.

Montague, R. 1974. *Formal Philosophy: Selected Papers of Richard Montague*, R. Thomason (ed.). New Haven: Yale University Press.

Mosteller, F. & D. Wallace. 1964. *Inference and Disputed Authorship: The Federalist. Reading,* Mass.: Addison-Wesley.

Mosteller, F. & D. Wallace. 1985. Deciding authorship, in Tanur et al. (eds.), *Statistics: A Guide to the Unknown*. Monterey, Cal.: Wadsworth & Brooks/Cole.

Newmeyer, F. 1980. *Linguistic Theory in America: The First Quarter-Century of Transformational Generative Grammar*. New York: Academic Press.

Newmeyer, F. 1983. *Grammatical Theory: Its Limits and Its Possibilities*. Chicago: University of Chicago Press.

Newmeyer, F. 1988. *Linguistics: The Cambridge Survey,* Volumes 1-4.

Norton, L. 2009. *Action Research in Teaching and Learning: A Practical Guide to Conducting Pedagogical Research in Universities*. Oxford: Routledge.

Norusis, M. 1985. *SPSS: Advanced Statistics Guide*. Chicago: SPSS Inc.

Osgood, C., Suci, C. & P. Tannenbaum. 1957. *The Measurement of Meaning*. Urbana: University of Illinois Press.

Osherson, D., Kosslyn, S. & J. Hollerbach. 1990. Visual Cognition. *An Invitation to Cognitive Science*, Vol. 2, Cambridge: MIT Press.

Paivio, A. & J. Begg. 1981. Psychology of language. Prentice Hall, in Cook 1986.

Palmer, F. 1968. *Select Papers of J.R. Firth 1952–1959*. London: Longman.

Patton, M. 1990. *Quantitative Evaluation and Research Methods* (2nd edition). Beverly Hills, C.A.: Sage.

Pearson, B. 1977. *Introduction to Linguistic Concepts*. New York: Alfred Knopf, Inc.

Perlmutter, D. & C. Rosen (eds.) 1984. *Studies in Relational Grammar 2*. Chicago: University of Chicago Press.

Petöfi, J. 1975. Beyond the sentence, between linguistics and logic, in Ringbom (ed.).

Pike, K. 1967. *Language in Relation to a Unified Theory of the Structure of Human Behaviour*. The Hague: Mouton.

Polanyi, M. 1986. A theory of discourse structure and discourse coherence, in W. Eilfort et al. (eds.), *Proceedings of the 21st Regional Meeting of the Chicago Linguistic Society*. Chicago: University of Chicago Press.

Posner, M. (ed.) 1989. *Foundations of Cognitive Science*. Cambridge: MIT Press.

Quine, W.V.O. 1972. Methodological reflections on current linguistic theory, in Donald Davison and Gilbert Harman (eds.), *Semantics of Natural Language*. New York: Humanities Press.

Quirk, R. et al. 1972. *A Grammar of Contemporary English*. London: Longman.

Reichmann, W. 1961. *Use and Abuse of Statistics*. Harmondsworth, Middlesex: Penguin.

Reid, E. 1978. Social and stylistic variation in the speech of children: some evidence from Edinburgh, in Trudgill (ed.), *Sociolinguistic patterns in British English*. London: Arnold. pp.158-172.

Richards, J. 1985. *Longman Dictionary of Applied Linguistics*. London: Longman.

Rieser, H. 1978. On the development of text grammar, in W. Dressler (ed.), *Current Trends in Textlinguistics*. New York: Walter & Gruyter.

Robin, R.H. 1989. *General Linguistics* (4th Edition). London: Longman.

Romaine, S. 1978. Post-vocal /r/ in Scottish English, in Trudgill (ed.), *Sociolinguistic patterns in British English*. London: Arnold. pp.144-157.

Rosenshine, B. 1976. Recent research on teaching behaviors and student achievement.

Journal of Teacher Education, 27: 61-64.

Rummel, R. 1970. *Applied Factor Analysis*. Evanston: Northwestern University Press.

Sag, I. 1986. Grammatical hierarchy and linear precedence. *CSLI Report*, No 60, Stanford University.

Sampson, G. 1987. The grammatical database and parsing scheme, in Garside et al. (eds.).

Sankoff, G. 1980. A quantitative paradigm for the study of communicative competence, in Sankoff (ed.), *The Social Life of Language*. Philadelphia: University of Pennsylvania Press. pp. 47-79.

Santa, J. 1977. Spatial transformations of words and pictures. *Journal of Experimental Psychology: Human Learning and Memory*, 3: 418-427.

Sapir, E. 1921. *Language*. New York: Harcourt, Brace & World.

Saussure, F. 1966. *Course in General Linguistics*. New York: McGraw-Hill.

Saville-Troike, M. 1989. *The Ethnography of Communication* (2nd Edition). Oxford: Blackwell.

Schmidt, S. 1978. Some problems of communicative text theories, in Dressler (ed.).

Seliger, H. & M. Long. 1983. *Classroom Oriented Research in Second Language Acquisition*. Cambridge, Mass.: Newbury House.

Seliger, H. & E. Shohamy. 1989. *Second Language Research Methods*. Oxford: Oxford University Press.

Shuy, R.W., Wolfram, W.A. & W.K. Riley. 1968. *Field Techniques in an Urban Language Study*. Washington, D.C.: Center for Applied Linguistics.

Simpson, Jane. 1983. *Aspects of Warlpiri morphology and Syntax*. Doctoral dissertation, MIT.

Sinclair, J. 1991. *Corpus, Concordance, Collocation*. Oxford: Oxford University Press.

Slobin, D. 1979. *Psycholinguistics* (2nd Edition). Chicago: Scott, Foresman and Co.

Smith, Jr. 1970. *A Comparison of the Cognitive and Audiolingual Approaches to*

Foreign Language Instruction: The Pennsylvania Foreign Language Project. Pennsylvania: The Centre for Curriculum Development, Inc.

Smith, N., & I.M. Tsimpli. 1991. Linguistic modularity? A case study of a 'Savant' linguist, *Lingua*, 84: 315-351.

Somekh, B. 2006. *Action Research: A Methodology for Change and Development.* England: Open University Press.

Stern, H. 1983. *Fundamental Concepts of Language Teaching.* Oxford: Oxford University Press.

Sternberg, S. 1969. The discovery of processing stages: extensions of Donders's method. *Acta Psychologica*, 30: 276-315.

Stewart, W. 1962. An outline of linguistic typology for describing multilingualism, in F. Rice (ed.), *Study of the Role of Second Language in Asia, Africa and Latin America.* Washington, D.C.: Center for Applied Linguistics. pp. 15-25.

Stewart, W. 1968. A sociolinguistic typology for describing national multilingualism, in Fishman (ed.), *Reading in the Sociology of Language.* The Hague: Mouton. pp. 531-545.

Stubbs, M. 1995. Corpus evidence for norms of lexical collocations, in Cook, G. & B. Seidlhofer (eds.), *Principles & Practice in Applied Linguistics.* Oxford: Oxford University Press.

Swinney, D. 1979. Lexical access during sentence comprehension: reconsideration of context effects. *Journal of Verbal Learning and Verbal Behavior*, 18: 645-659.

Szymura, J. 1988. Bronislaw Malinowski's 'Ethnographic Theory of Language', in Nancy P. Hickerson (ed.), *Linguistic Anthropology.* New York: Holt, Rinehart & Winston.

Tanenhaus, M. 1988. Psycholinguistics: an overview, in F. Newmeyer (ed.), *Linguistics: The Cambridge Survey*, 3.

Tannen, D. 1981. Indirectness in discourse: ethnicity as conversation style. *Discourse Process*, 4(3): 221-238.

Thorndike, R. 1977. *Measurement and Evaluation in Psychology and Education.* New York: John Wiley & Sons.

Tomasello, M. 2003. *Constructing a Language: A Usage-Based Theory of Language Acquisition*. Cambridge, Mass.: Harvard University Press.

Townsend, A. 2014. Weaving the threads of practice and research, in F. Rauch et al. (eds.), *Promoting Change through Action Research*. Boston: Sense Publishers.

Townsend, J. 1953. *Introduction to Experimental Method*. New York: McGraw Hill.

Treisman, A. 1960. Contextual cues in selective listening. *Quarterly Journal of Experimental Psychology*, 12.

Trudgill, P. 1983. *On Dialect*. Oxford: Blackwell.

Trudgill, P. & G. Tzavaras. 1977. Why Albanian-Greeks are not Albanians: language shift in Attica and Biotia, in H. Giles (ed.), *Language, Ethnicity and Intergroup Relations*. London: Academic Press.

Tsuda, A. 1984. *Sale Talk in Japan and the United States*. Washington D.C.: Georgetown University Press.

Tuckman, B. 1978. *Conducting Educational Research* (2nd Edition). New York: Harcourt Brace Jovanovich.

Utan, R. 1969. Some general characteristics of interrogative systems. *WPLU*, 1: 41-63.

van Dijk, T. & W. Kintsch. 1978. Cognitive psychology and discourse: recalling and summarizing stories, in Dressler (ed.).

Webber, B. 1987. The interpretation of tense in discourse, in *Proceedings of the 25th Annual Meeting of the Association for Computational Linguistics*. Stanford, Association for Computational Linguistics, pp. 147-154.

Weinreich, U. 1957. Functional aspects of Indian bilingualism. *Word*, 13(2): 203-233.

Whitaker, A. 1970. Linguistic competence: evidence from Aphasia. *Glossa*, 4: 46-54.

Widdowson, H. 1979. *Explorations in Applied Linguistics*. Oxford: Oxford University Press.

Williams, C. 1946. Yule's' Characteristic' and the 'Index of Diversity'. *Nature*, 157-482.

Williams, F. 1974. The identification of linguistic attitudes. *International Journal of the Sociology of Language*, 3: 21-32.

Winograd, T. 1972. *Understanding Natural Language.* New York: Academic Press.

Winograd, T. 1983. *Language as a Cognitive Process: Syntax.* Mass.: Addison-Wesley Publishing Company.

Wolfson, N. 1981. Compliments in cross-cultural perspective. *TESOL Quarterly*, 15(2).

Wolfson, N. & J. Manes. 1980. The compliment as a social strategy. *International Journal of Human Communication*, 13(3).

Wonnacott, R. & T. Wonnacott. 1990. *Introductory Statistics for Business and Economics* (4th Edition). New York: John Wiley & Sons.

Woods, W.A. et al. 1972. *The Lunar Sciences Natural Language Information System: Final Report*. BBN Report 2378, Cambridge, Mass.: Bold, Beranek and Newman.

Woods, W.A., Fletcher, P. & A. Hughes. 1986. *Statistics in Language Studies*. Cambridge: Cambridge University Press.

Yamada, J. 1990. *Laura: A Case for Modularity of Language.* Cambridge: MIT Press.

Yule, G. 1968. *The Statistical Study of Literary Vocabulary.* New York: Archon.

Zift, G. 1935. *The Psycho-Biology of Language*. Boston: Houghton Mifflin Co.

Zipf, G. 1949. *Human Behavior and the Principle of Least Effort*. London: Addison-Wesley.

岑麒祥，1992，《国外语言学论文选择》，北京：语文出版社。

陈原（主编），1989，《现代汉语定量分析》，上海：上海教育出版社。

冯志伟，1991，《数学与语言》，湖南：湖南教育出版社。

桂诗春，1985，《心理语言学》，上海：上海外语教育出版社。

桂诗春，1986，《标准化考试——理论、原则与方法》，广州：广东高等教育出版社。

桂诗春，1988a，《应用语言学》，长沙：湖南教育出版社。

桂诗春，1988b，《中国学生英语词汇量调查》、《我国英语专业英语词汇量的调查和分析》，载《应用语言学与中国英语教学》，济南：山东教育出版社。

桂诗春，1988c，《我国英语专业学生社会心理分析》，载《应用语言学与中国英语教学》，济南：山东教育出版社。
桂诗春，1991a，题目反应理论在考试成绩等值上的应用，《中国考试》第 3 期。
桂诗春，1991b，《题库建设讲话》，载《题库建设理论与实践》，北京：光明日报出版社。
桂诗春，1991c，《实验心理语言学纲要》，长沙：湖南教育出版社。
桂诗春，1992a，《中国英语学生的心理词汇研究》，长沙：湖南教育出版社。
桂诗春，1992b，“外语要从小学起”质疑，《外语教学与研究》第 4 期。
桂诗春，1993，应用语言学与认知科学，《语言文字应用》第 3 期。
桂诗春，1995，从这个地方很郊区谈起，《语言文字应用》第 3 期。
桂诗春、宁春岩，1997，《语言学方法论》，北京：外语教学与研究出版社。
胡壮麟，1994，《语篇的衔接和与连贯》，上海：上海外语教育出版社。
李绍山，1992，《影响中国学生英语阅读理解的主要因素》，载桂诗春（主编）1992。
林连书，1955，《英语实验研究方法》，广州：中山大学出版社。
孙建一，1989，《现代汉语字频测定和分析》，载陈原（主编）1989。
王初明，1990，《应用心理语言学》，长沙：湖南教育出版社。
王初明、亓鲁霞，1992，《外语听力策略个案研究》，载桂诗春（主编）1992。
王孝玲，1986，《教育统计学》，上海：华东师范大学出版社。
吴伟平，1994，法律语言学：会议、机构和刊物，《国外语言学》第 4 期。
杨惠中等，2002，《语料库语言学导论》，上海：上海外语教育出版社。
朱德熙，1962，句法结构，《中国语文》8—9 月号。
朱德熙，1980，汉语句法中的歧义现象，《中国语文》第 2 期。